JK Rowlings magische Welt

J.K. Rowlings magische Welt

Erläuterungen zu den Harry-Potter-Romanen

Sigrun Strunk

Bibliografische Informationen der Deutschen Nationalbibliothek Die Deutsche Nationalbibliothek verzeichnet
diese Publikation in der Deutschen Nationalbibliogra-
fie, detaillierte bibliografishcDaten sind im Internet über
http//dnb.dnb.de abrufbar

Dieses Buch wurde mit LaTeX erstellt

Herstellung und Verlag:
BoD – Books on Demand, Norderstedt
ISBN 978-3-7460-0000-8

Inhaltsverzeichnis

A. Anhang 187

1. Einleitung

Warum ein Buch über Harry Potter? Natürlich hat es schon mehrere Arbeiten gegeben, doch die wenigen, die ich überflogen habe, waren sehr unbefriedigend, enthielten Fehler und Ungenauigkeiten, die zeigten, dass die Autoren die sieben Bände nur oberflächlich kennen und auch von der Gattung der Fantasyliteratur keine ausreichenden Kenntnisse haben. So behauptete ein französischer Kritiker, die „Zauberer von Caporna"-Geschichten wären in der Folge von Harry Potter erschienen, was sogar für die französischen Übersetzungen falsch ist. Auch fehlt eine Arbeit, die die ganze Harry-Potter-Folge betrachtet und nicht nur die ersten Bände.

Die Frage, die immer wieder gestellt wird, lautet: Warum haben die Harry-Potter-Bände so einen großen weltweiten Erfolg? Es liegt wohl an der gelungenen Mischung verschiedener Elemente: Abenteuer, Zauberei, Schulgeschichte, Entwicklungsroman, von jedem ein bisschen. In der vorliegenden Arbeit zeige ich einige Aspekte auf, die für den Erfolg mitverantwortlich sind. Da sind der Mythos vom Heldenkind und archetypische Figuren, wie die des weisen Zauberers. Dazu gibt es Anspielungen auf die griechisch-römische Mythologie. Doch auch, wenn man all dies nicht kennt, ist der Lesespaß garantiert. Literarisches Vorwissen ist für die Lektüre nicht nötig, ebenso wenig muss man Engländer sein oder wenigstens die englische Kultur kennen. Denn Handlungsort ist zwar England, jedoch ein imaginäres, und nichts hindert den Leser, es mit seiner eigenen Lebenswelt in Einklang zu bringen.

Dieses Buch wendet sich an Menschen, die, wie ich, begeisterte Harry-Potter-Leser sind und die Motivationen der Protagonisten besser verstehen wollen. Meine Arbeit gibt einen ersten Zugriff auf wesentliche Aspekte des Werkes. Ein zweites Anliegen ist es, Studenten, die Examensarbeiten über Harry Potter schreiben wollen, den Zugang zu den Büchern zu erleichtern. Ich hoffe, diese Einstiegsarbeit und die Fußnoten ermöglichen seriöse weitergehende Analysen ohne die bisher so häufigen groben Irrtümer. Ansätze für literarische und psychologische Untersuchungen bietet Rowlings Werk reichlich. So habe ich die Interaktionen zwischen den Protagonisten, den Gruppendruck, dem sie ausgesetzt sind, kaum angedeutet. Auch Personen wie Hermine, Ron, Neville oder Draco Malfoy und die beiden Hauselfen Dobby und Winky würden eine ausführliche Betrachtung verdienen.

Obwohl ich Germanistik studiert habe, was es nahegelegt hätte, diese Interpretation nach wissenschaftlichen Kriterien unter Beachtung und Kenntnisnahme vieler der schon erschienenen Analysen zu verfassen, habe ich nach einigem Zögern Abstand davon genommen. Nicht nur wollte ich mich nicht verleiten lassen, einfach in der Nachfolge von „xyz“, zu schreiben und meine eigenen Ideen aus den Augen zu verlieren. Diese Art zu arbeiten ist auch mühsam und nicht leserfreundlich, weshalb ich mich für einen eher essayistischen Ansatz entschieden habe. So sind die meisten Fußnoten nichts als Verweise auf die Textstellen, die ich zitiere oder auf die ich mich beziehe, und nur selten verweise ich auf Sekundärliteratur. Zitiert wird wörtlich, einschließlich der Rechtschreibung. Im Anhang befindet ein Kapitel zu *Harry Potter und das verwunschene Kind.*

2. Gattungszugehörigkeit der Harry-Potter-Serie

Um den Erfolg der Harry-Potter-Bücher zu erklären, ist es aufschlussreich, sich die Buchgattung anzusehen. Ganz allgemein gehört die Serie zu jenen, die die Interaktionen von Jugendlichen innerhalb einer Altersgruppe darstellen. Doch kommen dafür eigentlich zu viele Erwachsene in wichtigen Rollen vor. Als Obergattung kann man die Gattung Schulabenteuer bezeichnen. Eine zusätzliche Gattung ist die Fantasyliteratur. Die berühmteste Autorin von Abenteuer- und Internatsgeschichten für Kinder und Jugendliche war Enid Blyton. Ihre Bücher sind typisch für diese Gattungen.[1]

Abenteuergeschichten: Im Zentrum steht in der Regel eine Gruppe von drei bis fünf Jugendlichen, Jungen und Mädchen. Doch der Anführer ist der älteste Junge. Das ängstlichste Kind ist immer ein Mädchen. Die Abenteuer spielen während der Schulferien, ohne klare zeitliche Zuordnung, und obwohl die Serien aus bis zu zwanzig Bänden bestehen, bleibt das Alter der Kinder stets gleich. Mord ist kein Thema.

Internatsgeschichten: Hier handelt es sich um Bücher, deren Handlung auf die Schulzeit begrenzt ist. Thematisiert werden Sozialbeziehungen, im Falle der Erzählungen von Enid Blyton in reinen Mädchengruppen. Dabei kommt der

---

[1]Ich folge der Analyse von Almut Prieger: : Das Werk Enid Blytons, 1982

Unterricht nur am Rand oder gar nicht vor. Auch hier, obwohl die Handlung über mehrere Jahre läuft - vom Eintritt
in die Schule bis zur Abschlussprüfung - bleiben die Protagonisten in ihrem Verhalten stets gleich. Beziehungen zu
Jungen sind kein Thema. Auch der Lehrkörper besteht fast
ausschließlich aus Frauen.

A. Prieger kritisiert den typischen Aufbau der Abenteuer
und Schulgeschichten Enid Blytons, eine Kritik, die auch
für viele Serien anderer Autoren gilt:

*„Dissonanzreduktion .... zum ersten, die Illusion des 'Rea-
len', 'Verläßlichkeit' herzustellen. Dies gelingt trotz irrealer
Lebensumstände in der Fiktion über das Medium vertrauter
rigider Verhaltensanforderungen. Diese scheinen von jungen Lesern sehr wohl vermerkt und akzeptiert zu werden.
Desweiteren bietet Blyton ihren mit weitgehender Einfluß-
losigkeit und unsicheren Zukunftsperspektiven konfrontier-
ten Lesern den Bereich verstärkt an, in dem Aktivität und
Verhalten direkte Auswirkung zeigt: die Ebene persönlicher
Auseinandersetzungen. Daß sie keine weiterreichenden Per-
spektiven aufzeigt, legitimiert Blyton mit einer Idealisierung
des Jugendalters, dessen Status als Interim hin zum Erwachsensein somit geleugnet wird."*[2]

Diese Sicht teilt J.K. Rowling sicher nicht. Obwohl sie
sich, oberflächlich betrachtet, den Gattungsvorgaben beugt,
ist ihre Umsetzung, jener von Blyton und ähnlicher Autoren
entgegengesetzt.

2.1. Schulabenteuer

Die Harry-Potter-Serie hat die gleiche typische Struktur,
wie die Schulabenteuer anderer Autoren. Wir folgen den

---

[2]Prieger S. 204

Helden vom Eintritt in das Internat Hogwarts bis zu ihrem letzten Schuljahr. Bei den Helden handelt es sich um eine Gruppe aus zwei Jungen und einem Mädchen gleichen Alters. Das schwächste Kind im Umfeld der Hauptpersonen ist Neville Longbottom, ein Junge. Wie es sich für das Genre gehört, erleben sie jedes Jahr ein besonderes Abenteuer. Dabei sind die Schwierigkeiten jeweils ihrem Können angemessen.

Die Jahresgliederung ist lose an das englische Schulsystem anlehnt. Hogwarts ist eine Gesamtschule mit Internat. Um aufgenommen zu werden, muss man mindestens elf Jahre alt sein und zaubern können. Mit Fünfzehn, also im fünften Schuljahr, legt man eine Prüfung ab, die der Allgemeinprüfung „General Certificate of Secondary Education"(GCSE) vergleichbar ist, welches normalerweise ein Jahr später abgelegt wird. In Hogwarts heißt die Prüfung auf Englisch OWL („Ordinary Wizarding Level"), auf Deutsch ZAG („normales Zaubererniveau"). Die Ergebnisse dieser Prüfung entscheiden, was man in den folgenden zwei Jahren studieren darf und welche Berufslaufbahnen möglich sind. Im siebten Jahr gibt es in Hogwarts eine dem englischen A-level entsprechende Prüfung, NEWT („Nastily Exhausting Wizarding Test"[3] deutsch UTZ („Unheimlich Toller Zauberer"), auch hier ein Jahr früher als in der realen Welt. Allerdings ist ein Zauberer auch schon mit siebzehn Jahren volljährig. Verglichen mit Deutschland entsprechen die Prüfungen etwa Realschulabschluss und Abitur. Generell finden die entscheidenden Wechsel in vielen Ländern der Welt ungefähr im gleichen Alter statt, sodass jeder Leser genügend Vorwissen aus seiner eigenen Erfahrungswelt hat, um sich ins Schul- und Prüfungswesen der Zauberer hineinfinden zu können.

---

[3]in etwa Grauenvoll Anstrengender Zauberertest

Anders als in anderen Abenteuergeschichten mit gemischt-geschlechtlichen Gruppen spielt das Mädchen keine unter-geordnete Rolle, vielmehr wäre Harry regelmäßig verloren, hätte er nicht Hermines Beistand.

Im Unterschied zu anderen Serien ist der Unterricht ein wesentlicher Teil jedes Bandes. Alle Lehrer in Hogwarts un-terstreichen regelmäßig, dass sie die Schüler unterrichten, damit diese eines Tages zu den voll ausgebildeten Zaube-rern zählen, also erwachsen werden. Die Schüler haben das Konzept soweit verinnerlicht, dass es laute Proteste gibt, als Professor Umbridge in Band fünf das Konzept des „al-tersangemessenen", „risikolosen" Zauberns dekretiert. Da in der Schule niemand angegriffen wird, sieht Umbridge keinen Grund über die Theorie hinauszugehen. *„Wir sind hier in der Schule, Mr Potter, nicht in der wirklichen Welt."*[4] Die Schüler sollen nach Umbridges Auffassung für die Schule nicht fürs Leben lernen. Die anderen Lehrer teilen diese Sicht nicht.

2.2. Internatsgeschichten

Wie es zum Beispiel in den Dolly Bänden Enid Blytons[5] der Fall ist, so sind auch hier die Schüler auf Häuser verteilt. Für jedes Haus ist ein Lehrer verantwortlich, McGonagall in Gryffindor, Snape in Slytherin, Sprout in Hufflepuff, Flit-wick in Ravenclaw. Innerhalb der Häuser übernehmen von der Schulleitung ausgewählte ältere Schüler Aufsichtsfunk-tionen. Unterricht und Freizeit werden hauptsächlich mit Schülern des gleichen Hauses verbracht.

Da Hogwarts nicht irgendein Internat ist, sondern eines, in dem Zaubern gelehrt wird, verwundert es wenig, dass der

---

[4]Bd 5, S. 288

[5]Auf Deutsch „Dolly" Band 1-6 Untertitel „Abenteuer auf der Burg"

Leser Informationen zu einigen Fächern erhält. Am häufigsten werden Szenen im Unterricht in Verwandlung, Zaubertränke, Zauberkunst beschrieben. Bei anderen Fächern wie Arithmantik oder Alte Runen erfahren wir nicht mehr als den Kursnamen. Es gibt mehrfach Beispiele, die zeigen, was passiert, wenn die Arbeit falsch ausgeführt wird. Gelerntes wird im weiteren Verlauf der Geschichte zum Vorteil des Schülers angewandt. So der Entwaffnungszauber *Expeliarmus* im zweiten Jahr. Ein Zauber, den Snape den Schülern zeigt und der sich gegen Lockhart als sehr nützlich erweist, oder der Aufrufezauber im vierten Band, um im Kampf gegen den Drachen einen Besen zur Verfügung zu haben. Auch die Prüfungen werden nicht ausser Acht gelassen. Bei einigen besonders wichtigen Prüfungen wird dies von den Lehrern und auch von der strebsamen Hermine unterstrichen. Rowling legt den Höhepunkt des Abenteuers oft in die Zeit direkt nach der Jahresabschlussprüfung.

Im *Stein der Weisen* beginnt das entscheidende Abenteuer in der Nacht nach der letzten Prüfung, und auf der letzten Buchseite erfahren wir, dass alle die Prüfung bestanden haben und ins zweite Jahr kommen.

Im folgenden Jahr, in *Die Kammer des Schreckens*, sollen zur Empörung der Schüler die Prüfungen stattfinden, obwohl noch niemand weiß, was für ein Ungeheuer im Schloss umgeht, und mehrere Schüler versteinert im Krankenflügel liegen. Doch drei Tage vor dem angesetzten Termin wird Ginny in die Kammer verschleppt. Nach ihrer glücklichen Rettung und der Wiederbelebung der Versteinerten werden die Prüfungen annulliert. Warum lässt die Autorin Riddle vor den Prüfungen zuschlagen? Der Grund ist wohl, dass der Wiederbelebungstrank rechtzeitig vor den Prüfungen bereit ist. Doch sobald die Schüler erwachen, werden sie erzählen, was sie angegriffen hat. Will Tom Riddle an Harry kommen, muss er vorher handeln.

Im *Gefangenen von Askaban*, also im dritten Jahr, lernen die Protagonisten vom Beginn der Osterferien an für ihre Prüfungen. Die Menge der zu bewältigenden Hausaufgaben wird erwähnt und die praktischen Prüfungen in Zauberkünste, Wahrsagen und Verteidigung gegen die dunklen Künste werden gezeigt. Nach Harrys Prüfung in Wahrsagen macht Professor Trelawney ihre zweite Weissagung, als er gerade den Raum verlassen will. Wie im ersten Jahr beginnt das entscheidende Abenteuer am Abend nach der letzten Prüfung.

Da Harry in seinem vierten Jahr am Trimagischen Turnier teilnimmt, ist er im *Feuerkelch* von den Prüfungen befreit, was nicht heißt, dass er frei hat. Er sitzt hinten im jeweiligen Prüfungsraum und lernt Zaubersprüche, die bei der dritten Aufgabe des Turniers hilfreich sein könnten. Der entscheidende Wettkampf findet im Abend nach der letzten Prüfung statt.

Der *Orden des Phönix* spielt in Jahr der ZAGs, einer wichtigen Prüfung im Leben eines jungen Zauberers. Sofort am ersten Unterrichtstag bereiten die Lehrer die Fünftklässler auf diese wichtige Prüfung am Jahresende vor.[6] Von den Resultaten hängt ab, welche Fächer sie im folgenden Jahr studieren werden, und somit auch, welchen Beruf sie später ausüben können. Wie in der realen Welt gibt es in der Welt der Zauberer Voraussetzungen, die erfüllt werden müssen, um bestimmte Berufe zu ergreifen.

In diesem Jahr laufen die Prüfungen nicht so reibungslos ab wie sonst. Während der praktischen Prüfung in Astronomie, am Mittwoch der zweiten Prüfungswoche, sehen die Schüler mit an, wie Hagrid verhaftet werden soll und flieht,

---

[6]Bd 5, S. 302

und wie Minerva McGonagall, die hinzukommt, ebenfalls angegriffen wird.[7] Am Donnerstag Nachmittag, während der Prüfung in Geschichte der Zauberei, hat Harry die Vision von Sirius' scheinbarer Folter durch Voldemort, und er verlässt den Raum vor dem Ende der Prüfung.[8] Unmittelbar danach beginnt das große Schlussabenteuer.

In *Der Halbblut-Prinz* lernt Ginny für die ZAGs, und Hermine ermahnt Harry, seine Freundin nicht vom Lernen abzuhalten.[9] Harry selbst hat zusätzlich zum regulären Unterricht Stunden mit Dumbledore, die ihn auf seine Aufgabe, die Vernichtung Voldemorts, vorbereiten. Nach Dumbledores Tod gibt es keinen Unterricht mehr, die Prüfungen werden auf einen späteren Zeitpunkt verschoben, nicht annulliert.[10]

Im letzten Band, (*Die Heiligtümer des Todes*) eigentlich Abschlussjahr in Hogwarts, kehren die drei Protagonisten nicht in die Schule zurück. So erfährt der Leser nicht viel über das Leben dort. Die Prüfungen, die sie während des ganzen Jahres überstehen müssen, sind auf jeden Fall wesentlich schwieriger als es je eine Schulprüfung sein könnte. Auf unterschiedlichen Wegen erhalten sie Informationen über das Leben in Hogwarts. Man erfährt, dass die Behauptung Umbridges zwei Jahre zuvor, die Schule sei gesondert vom Leben außerhalb, sich als Lüge herausstellt. Die Wirklichkeit nimmt in Gestalt der Geschwister Alecto und Amycus Carrow und ihrer zweifelhaften Unterrichtsmethoden Einzug in die Klassenräume. Zwei Jahre zuvor missbilligte Umbridge, dass der falsche Moody den Schülern die unverzeihlichen Flüche zeigte. Diese beiden wollen,

---

[7]Bd 5, S. 847-849
[8]Bd 5, S. 854-856
[9]Bd 6, S. 541
[10]Bd 6, S. 637

dass die Schüler den Cruciato-Fluch an Mitschülern üben.[11] Die drei Flüchtlinge erfahren auch, dass Ginny und ihre Freunde versucht haben, Gryffindors Schwert, das im Büro des Schulleiters aufbewahrt wird, zu stehlen und dass Luna Lovegood auf der Heimfahrt in die Weihnachtsferien von Todessern entführt wurde. Eine Repressalie gegen ihren Vater, dessen Zeitungsartikel nicht regimekonform sind. Die Schule ist kein geschützter Raum mehr. Da nach dem letzten Kampf gegen Voldemort und seine Todesser viele der älteren Schüler, die nicht evakuiert werden wollten, tot oder verletzt sind und das Schulgebäude zum größten Teil verwüstet ist, endet das Schuljahr ohne Schulprüfungen. Die Prüfungen des Lebens verdrängen sie.

Anders als in klassischen Internatsgeschichten ist Unterricht kein Beiwerk, sondern hat entscheidenden Anteil an der Handlung. Auch entwickeln sich die Charaktere. Sie werden reifer. Wenn man diesen Aspekt der sichtbaren Entwicklung der Personen hervorhebt, kann man die Reihe auch als Entwicklungsroman lesen.

2.3. Phantastische Romane

Die Reihe gehört auch zur Gattung der phantastischen Literatur für Kinder und Erwachsene, die in England, aber auch in Deutschland, eine lange Tradition hat. Vorläufer sind unter anderen Edith Nesbit, C.S. Lewis „*Chroniken von Narnia*", Diana Wynne Jones (unter anderem „*Die Zauberer von Caprona*") und natürlich J.R.R. Tolkien. Rowling selbst nennt auch „*Das kleine weiße Pferd*" von Elizabeth Goudge als wichtige Kindheitslektüre. Die moderne phantastische Literatur hat ihre Ursprünge im neunzehnten Jahrhundert.

---

[11]Bd 7, S. 582

In Deutschland sucht die Romantik Inspirationen in Rittergeschichten des Mittelalters und in den Märchen. Phantastische Abenteuer, märchenhafte Ereignisse und Spukgeschichten sind populär. Der auch außerhalb des deutschsprachigen Raums bekannteste Vertreter ist Ernst Theodor Amadeus Hoffmann (1776-1822). Im englischsprachigen Raum sind zu nennen Edgar Allan Poe (1809-1849) und Bram Stokers *Drakula* (1897). Auf diese und andere Vorbilder, wie die Mythen Edda und Nibelungenlied, bauen die einleitend genannten Autoren auf. Lose verbunden mit diesen Themen ist auch die Alchemie, die bei Harry Potter nicht nur bei der Suche nach dem Stein der Weisen und dem Elixir des Lebens angesprochen wird, sondern auch im Unterricht der Zaubertränke eine Rolle spielt.

Phantastische Elemente sind konstituierend für Harry-Potter. Von der ersten Buchseite an geben sie den Ton an mit dem Auftritt einer lesenden Katze, eigentlich die Hexe Minerva McGonagall, einem Zauberer und einem fliegenden Motorrad. In der Folge begegnen uns Drachen, mehrköpfige Hunde, Hauselfen und Zentauren neben Elementen der klassischen Abenteuerliteratur wie etwa Geheimgänge, und zu lösende Rätsel. Rowling verwendet bekannte Figuren und ergänzt sie durch neue, wie zum Beispiel Dementoren und knallrümpfigen Krötern. Dazu kommen unerwartete Einzelheiten, verbunden mit viel Humor. So sind Monster gar nicht so gefährlich, jedenfalls nicht, wenn man sie mit Hagrids Augen betrachtet, der meint, sie wären nur missverstandene Wesen und harmlos, wenn es einem gelingt, mit ihnen umzugehen, bevor sie einen fressen.

Die gelungene Mischung der verschiedenen Literaturgattungen ist entscheidend für den weltweiten Erfolg der Serie, da jeder Leser genügend Elemente vorfindet, die einem ihm bekannten Schema entsprechen, wodurch die Integration der ungewöhnlichen Komponenten erleichtert wird. So kann ein Leser von Abenteuerbüchern, der normalerweise keine Fantasy liest, Spaß an den Geschichten haben, weil phantastische Tiere zwar vorkommen und zum Teil relativ wichtige Figuren sind, aber eben keine zentralen Rollen spielen. Außer Hagrid ist keine der Personen von ihnen begeistert. Der Leser kann sich leicht mit Ron und Hermine identifizieren, die sich nicht mit solchen Wesen abgeben mögen. Die entsprechenden Abschnitte kann man durchaus nur oberflächlich lesen. Fantasy Begeisterte dagegen finden genug Details, um sich mit Hilfe von Informationen aus Werken anderer Autoren die entsprechenden Szenen weiter auszumalen. Wem das nicht reicht, der kann sich Rowlings kleines Buch *„Phantastische Tierwesen und wo sie zu finden sind"* besorgen. Der offene Erzählstil, die auf ein Minimum begrenzten Ortsbeschreibungen und die lineare Handlungsstruktur, all das sind Bestandteile, die zum Erfolg der Bücher beitragen.

3. Die magische Welt

Wie viele Romane - seien sie für Kinder oder Erwachsene - spielt Harry Potter in einer Parallelwelt, die nur scheinbar die unsere ist. Viele Orientierungspunkte stammen aus der bekannten Welt, sodass der Leser ohne Mühe Zugang zur Erzählung findet. Aufbauend auf diesen Ankerpunkten entwickelt Rowling eine eigene literarische Welt, die spezifische Regeln und Verbote kennt. So hat Harry Potter ein genaues Geburtsdatum und einen Geburtsort, aber es ist sinnlos, den Ort auf einer Karte Englands suchen zu wollen. Da allgemein akzeptiert wird, dass es keine Hexen und Zauberer gibt, muss dem Buch auch keine Warnung der Art „alle Personen und Handlungen sind frei erfunden" vorangestellt werden. Dass die Hauptperson in der nichtmagischen Welt aufwächst und erst an ihrem elften Geburtstag erfährt, dass sie ein Zauberer ist, macht es dem Leser noch leichter, in die Geschichte einzutauchen. Gemeinsam mit Harry Potter entdecken wir Schritt für Schritt diese neue Welt und ihre Regeln.

Zauberer, deren beide Eltern ebenfalls Zauberer sind, werden manchmal als Reinblüter bezeichnet. Je länger die Reihe der reinblütigen Ahnen, desto angesehener ist die Familie. In Anbetracht der recht kleinen Zahl reinblütiger Familien sind deren Mitglieder alle mehr oder weniger eng miteinander verwandt. Reinblütig zu sein, heißt jedoch nicht, besser zaubern zu können. So ist Hermine Granger, die Muggeleltern hat, sehr zu Draco Malfoys Verdruss, die

beste Schülerin ihres Jahrgangs. Viel besser als er, der Reinblüter. Es gibt nicht einmal die Garantie, dass jedes Kind
einer Zaubererfamilie ebenfalls zaubern kann. Jemand, der
von Zauberern abstammt, ohne selbst zaubern zu können,
wird als Squib (zu Deutsch Rohrkrepierer) bezeichnet.[1] Die
Eltern bemühen sich meist, solch ein Kind in die Muggelwelt einzugliedern. Der Hausmeister von Hogwarts, Argus
Filch, und die Nachbarin der Dursleys, Arabella Figg, sind
Squibs und Neville Longbottoms Großmutter befürchtete
lange, der Kleine sei einer, da das Kleinkind nicht zaubern
zu können scheint.

Kinder aus Ehen zwischen Zauberern und Muggeln werden gelegentlich als Halbblüter bezeichnet. Diese Gruppe
stellt offenbar die Mehrheit der Gemeinschaft, und viele be-
gabte Hexer kommen aus solchen Familien, darunter auch
Tom Riddle, der spätere Voldemort. Einige Zauberer be-
schimpfen diejenigen als Schlammblüter, deren beide Eltern
Muggel sind. Auf noch mehr Ablehnung stoßen Zauberer,
die aus einer Verbindung zwischen einem Menschen und einem Riesen stammen, so wie Hagrid und Madame Maxime.
Deshalb zieht letztere es vor, zu sagen, sie habe nur große
Knochen.

Auch Menschen, die, wie Remus Lupin, von einem Werwolf gebissen wurden und so selbst einer werden, werden
gemieden. Während Dumbledore als Schulleiter jeden ohne Ansicht seiner Herkunft in Hogwarts aufnimmt, solange er zaubern kann, steht Dolores Umbridge solchen Menschen nicht nur ablehnend gegenüber, als Untersekretärin

---

[1]Squib ist im Englischen ein kleiner Feuerwerkskörper, eine Art
  Knallfrosch, eine kurze satirische Schrift, und als Verb bezeichnet es eine schnelle Fortbewegung, vielleicht vom althochdeutschen
  sweifan kommend (Websters dictionnary, 1966) - squib load ist ein
  Rohrkrepierer.

des Zaubereiministers tut sie auch alles, um ihnen das Leben zu erschweren.

Als Voldemort wieder erstarkt, der die Reinblüter über alle Anderen stellt, benutzt sie ihre Macht, um alle „Schlammblüter" registrieren zu lassen und vom Besuch Hogwarts auszuschließen. Dabei erinnern Vorgehensweise und Sprache stark an die Nationalsozialisten mit ihrem Wahn von einer Rasse reinblütiger Arier. Damals benötigte jeder Deutsche einen Ariernachweis, jüdische Vorfahren führten zu einem Ausschluss aus den meisten Berufen. In Analogie erhalten in der neuen Zaubererwelt Werwölfe Berufsverbot, und Zauberern mit Muggelherkunft wird die Anerkennung als Zauberer abgesprochen, der Zauberstab wird konfisziert. Umbridge versteigt sich sogar dazu, sie des Diebstahls ihres selbstgekauften Zauberstabes und folglich der damit verbundenen Zauberkraft zu bezichtigen,[2] wobei die Machbarkeit so eines Diebstahls nicht zur Debatte steht. Ziel ist einzig Entwürdigung und Erniedrigung.

Es gibt nur wenige Berührungspunkte zwischen den Magiern und den nichtmagischen Muggeln. Die Zugänge zu verschiedenen magischen Orten befinden sich in London an wirklich existierenden Plätzen, dem Bahnhof Kings Cross, wo auf Gleis neundreiviertel der Zug nach Hogwarts abfährt, sowie einer bekannten Einkaufsstraße (Charing Cross Road), wo ein unscheinbarer Pub zu ihrem magischen Gegenstück führt. Auch Zaubereiministerium und Krankenhaus liegen im Zentrum Londons. Nur Zauberer sind in der Lage, diese Eintrittsstellen zu sehen und zu benutzen. Kontakte zwischen den Gemeinschaften gibt es lediglich durch Familien, in denen mindestens ein Mitglied magische Kräfte besitzt. Nur die Kernfamilie weiß von der Zaubererwelt. Vor den Verwandten wird sie geheim gehalten. Daher wird

---

[2]Bd 7, S. 268

Tante Magdas Gedächtnis verändert, nachdem Harry sie aufgeblasen hat.[3] Um die Geheimhaltung zu gewährleisten, gibt es ein entsprechendes Gesetz. Wer es bricht, wird bestraft, wobei die Art und Strenge der Strafe ins Ermessen des Zaubereiministeriums gelegt ist. So wird das Aufblasen der Tante gar nicht bestraft, während im Jahr davor Harry für die Zauberei des Hauselfen Dobby verantwortlich gemacht wird, woraufhin er eine schriftliche Verwarnung erhält.[4] Als er vor Beginn des fünften Schuljahres wieder zaubert - diesmal in einer vom Gesetz erlaubten Ausnahmesituation - wird ihm gar mit dem Verstoß aus der magischen Gemeinschaft gedroht.[5]

Auf offizieller Ebene gibt es nur einen losen Kontakt zwischen dem Zaubereiminister und dem Premierminister Großbritanniens. Wobei die Kontaktaufnahme nur durch den Zaubereiminister geschieht und mehr eine skurrile Geste der Höflichkeit als Notwendigkeit darstellt. Nur als die Gefahr besteht, dass Voldemort und seine Todesser Mitglieder der Muggelregierung angreifen, wird ein Zauberer unter die direkten Untergebenen des Premiers geschmuggelt.[6]

Aus Gründen, auf die die Romane nicht eingehen, haben die Zauberer im siebzehnten Jahrhundert beschlossen, aus dem öffentlichen Leben zu verschwinden. Hagrid erklärt Harry, andernfalls würden die Muggel wollen, dass die Zauberer all ihre Probleme durch Hexerei lösen. Doch es ist nicht nur das. Jede politische Partei hätte in dem Fall Zauberer an ihrer Seite, wodurch Konflikte nicht etwa leichter geregelt würden, sondern schnell mit unabsehbaren Folgen eskalieren könnten. Beispiele für die Verletzungen

---

[3] Bd 3, S. 25
[4] Bd 2, S. 49-50
[5] Bd 6, S. 37 ff
[6] Bd 5, Kapitel: „Der andere Minister"

durch Flüche nach Familienstreitigkeiten sehen Harry und seine Freunde im St Mungo Hospital.[7] Als Fudge dem Premierminister von den Angriffen Voldemorts berichtet, fragt letzterer naiv, warum sie die Angelegenheit nicht mit Zauberei lösen. Worauf er die lakonische Antwort erhält: *„Das Problem ist, dass auch die andere Seite zaubern kann, Premierminister."*[8]

Die magische Welt ist im Vergleich zu unserer sonderbar rückständig. Ihre Technik ist auf dem Stand, auf dem die allgemeine Technik Ende des neunzehnten, Anfang des zwanzigsten Jahrhunderts war. Eines der modernste technische Geräte ist die Dampfeisenbahn, die die Schüler nach Hogwarts bringt. Der fliegende Bus, der „Fahrende Ritter", wird von Zauberern nur ungern benutzt, was zum Großteil an seinem schlechten Fahrer liegt. Verzauberte Autos und Motorräder sind verpönt. Jemand, der, wie Arthur Weasley, von Muggeltechnik begeistert ist, wird als komischer Kauz angesehen und oft herablassend behandelt. Die Mehrheit der Zauberer ist sehr konservativ. Nicht nur was die Kleidung betrifft, auch alles Neue oder Fremdländische wird mit Misstrauen betrachtet. Ein oft benutztes Fortbewegungsmittel ist der Besen, der aber nicht jedermanns Sache ist. So fliegt etwa Hermine nur ungern, egal ob auf einem Besen oder auf einem Thestral. Einer der Nachteile der Besen ist der fehlende Schutz gegen schlechtes Wetter und Kälte. Man hat das Gefühl, ein Besen wäre besser geeignet für Sport denn als Fortbewegungsmittel für den täglichen Gebrauch. Eine zweite Möglichkeit, lange Strecken zu überwinden, ist das Flohpulver. Es ermöglicht das Reisen vom Kamin eines an das Netzwerk angeschlossenen Hauses zu einem anderen. Bequem ist auch dies nicht. Zwar

---

[7]Bd 5, S. 569-571 u.594
[8]Bd 6, S. 25

bleibt man trocken, aber es ist eng und rußig. Undeutliches Aussprechen des Zielortes kann zum Landen in einem unbekannten Kamin führen. Man kann auch „apparieren", fast augenblicklich von A nach B gelangen, eine „Teleportation", die an das Beamen der Fernsehserie „Raumschiff Enterprise" erinnert. Die Technik verlangt viel Übung und große Konzentration. Mangelt es an letzterer, kann es zu schweren Unfällen kommen, bei denen mehr oder weniger große Körperteile des Menschen am Startpunkt zurückbleiben. Daher muss man vorher eine Prüfung ablegen, deren Voraussetzung die Volljährigkeit ist.

Da das Verzaubern von Muggelautos offiziell nicht erlaubt ist, obwohl das Ministerium Wagen hat, die sich nicht ganz wie gewöhnliche Autos benehmen,[9] ist ein Auto für Familienreisen mit Hilfe von Magie ungeeignet. In anderen Ländern gibt es zwar fliegende Teppiche, die als Familienfahrzeuge geeignet wären, aber sogar so aufgeschlossene Zauberer wie Arthur Weasley sind strikt gegen ihre Einfuhr.[10] „Portschlüssel", banale Objekte des Alltags, die verzaubert sind und einen bei Berührung zum richtigen Zeitpunkt an einen vorherbestimmten Ort transportieren, werden zum Transport von größeren Personengruppen benutzt. Sie kommen bei der Quidditchweltmeisterschaft zum Einsatz und werden ebenfalls vom Zaubereiministerium kontrolliert. Ihre Benutzung ist eher selten.

3.1. Zaubereiverwaltung und Gesetze

Zum Zaubereiministerium gehört eine große Verwaltung. Das Gebäude ist unter London versteckt und hat zehn Stockwerke. Ganz oben das Büro des Ministers und seiner Sekre-

---

[9]Bd 3, S. 76
[10]Bd 4, S.97-98

täre und ganz unten die Mysteriumsabteilung und dort wo der Fahrstuhl nicht mehr hinfährt, die Gerichtsräume.

Erster Stock: Zaubereiminister und Assistenzkräfte.[11]

Zweiter Stock: Abteilung für Magische Strafverfolgung, mit dem Büro gegen den Missbrauch der Magie, der Aurorenzentrale und dem Zaubergamot-Verwaltungsdienst. (Auf dieser Etage arbeitet Mr Weasley).

Dritter Stock: Abteilung für Magische Unfälle und Katastrophen, mit dem Kommando für die Umkehr verunglückter Magie, der Vergissmich-Zentrale und dem Komitee für Muggelgerechte Entschuldigungen.

Vierter Stock: Abteilung zur Führung und Aufsicht Magischer Geschöpfe, mit der Tierwesen-, der Zauberwesen- und der Geisterbehörde, dem Koboldverbindungsbüro und dem Seuchenberatungsbüro.

Fünfter Stock: Abteilung für Internationale Magische Zusammenarbeit, mit dem Internationalen Magischen Handelsstandardausschuss, dem Internationalen Büro für Magisches Recht und der Internationalen Zaubervereinigung, britische Sektion.

Sechster Stock: Abteilung für Magisches Transportwesen, mit der Flohnetzwerkaufsicht, dem Besenregulationskontrollamt, dem Portschlüsselbüro und dem Appariertestzentrum.

Siebter Stock: Abteilung für Magische Spiele und Sportarten mit der Zentrale der Britischen und Irischen Quidditch-Liga, dem Offiziellen Koboldstein-Klub und dem Büro für Lächerliche Patente.

Achter Stock: Atrium.

Neunter Stock: Mysteriumsabteilung - bis hierher fahren die Fahrstühle.

Zehnter Stock: Gerichtsräume.[12]

---

[11]Bd 7, S. 253
[12]Bd 5 S. 156-158, u.163-164

3. Die magische Welt

Die vielen Abteilungen decken alle Lebensbereiche ab. Zu jeder Frage gibt es Gesetze und Regeln. So sind die Einfuhr gefährlicher Produkte und einiger Tiere, wie Drachen, im Prinzip verboten. Wer einen der drei verbotenen Flüche gegen einen Mitmenschen benutzt und erwischt wird, kommt ins Zauberergefängnis Askaban, das auf einer Insel liegt und von Dementoren bewacht wird. Da diese den Menschen jede Hoffnung entziehen, werden sie apathisch, und man braucht keine weiteren Sicherheitsvorkehrungen zu treffen.

Bis zum Alter von elf Jahren dürfen kleine Kinder zaubern, da sie es unwillentlich tun, ohne dass man es verhindern könnte. Die Eltern haben dafür zu sorgen, dass es den Muggeln nicht auffällt. Sobald die Kinder nach Hogwarts kommen, dürfen sie außerhalb der Schule nicht mehr zaubern. Die Einhaltung der Regelung wird vom Ministerium überwacht. Allerdings vertraut man auch dort darauf, dass die Eltern ihre Kinder im Auge behalten. Denn nur wenn ein jugendlicher Zauberer in einer reinen Muggelgegend wohnt, so wie Harry Potter, kann man davon ausgehen, dass ein entdeckter Zauber von ihm ausgeführt wurde. Doch schon Harrys erste Verwarnung zeigt, dass die Einhaltung des Gesetzes eigentlich unmöglich kontrolliert werden kann. Schließlich wird er ja wegen der Zauberei eines Hauselfen verwarnt.

Es gibt Zauberer, die sich in Tiere verwandeln können. Sie werden Animagi genannt. Auch deren Existenz ist gesetzlich geregelt. Ein Animagus muss sich beim Ministerium registrieren lassen, mit Angaben zu den besonderen Kennzeichen seiner Tiergestalt. Wie Hermine herausfindet, haben sich im zwanzigsten Jahrhundert nur sieben Animagi registrieren lassen.[13] Die Dunkelziffer von unangemeldeten Animagi muss ziemlich hoch sein. Denn in der Serie begeg-

---

[13]Bd 3, S. 364

nen wir vieren, James Potter, Sirius Black, Peter Pettigrew und Rita Kimmkorn.

Hogwarts ist nicht dem Ministerium unterstellt, was sich ändert als Dolores Umbridge als Lehrerin an die Schule kommt. Sie ist eine Sekretärin des Zaubereiministers und sorgt in enger Verbindung mit dem Minister dafür, dass nicht mehr der Schulleiter das Sagen hat, sondern die vom Ministerium ernannte Großinquisitorin Umbridge. Sie schränkt die Freiheiten der Lehrer und Schüler schnell immer weiter ein, wobei sie sich ihr Vorgehen jeweils durch einen ministeriellen Erlass genehmigen lässt.

3.2. Feste

Die zwei wichtigsten Feste in der Zaubererwelt sind der Abend des 31. Oktober - also Halloween - und Weihnachten. Die große Halle wird jeweils entsprechend geschmückt. Zu Halloween mit riesigen ausgehöhlten Kürbissen und lebenden Fledermäusen, Weihnachten mit zwölf geschmückten Tannenbäumen. Um Ostern herum gibt es zwar Ferien, aber kein Fest. Allerdings bekommen die Schüler zum Teil Ostereier von ihren Eltern geschickt. Anders als zu Weihnachten fahren sie auch nicht nach Hause, sondern bleiben in der Schule, um sich auf die kommenden Prüfungen vorzubereiten. Da in den praktischen Prüfungen gezeigt werden muss, dass man Zauberformeln beherrscht, Zaubern Jugendlicher außerhalb der Schule aber untersagt ist, scheint dies nur folgerichtig.

Für wichtige Ereignisse im Leben der Menschen gibt es Zeremonienmeister. Bei Dumbledores Beerdigung, sowie bei Bills und Fleurs Hochzeit hält der gleiche Zauberer die Ansprachen, wie Harry erstaunt registriert. Doch da er sich nicht für Zeremonien interessiert, erfährt auch der Leser nichts Genaueres. Der weltweite Erfolg von J.K. Rowlings Romanen hängt sicher auch damit zusammen, dass jede Anspielung auf das Christentum oder eine andere Religion unterlassen wird. So wird nach Cedric Diggorys Tod auf sein Gedenken getrunken, mehr nicht.

Allerdings stammen die Sprüche auf den Gräbern von Harrys Eltern und Dumbledores Mutter und Schwester aus der Bibel. *„Der letzte Feind, der zerstört werden wird, ist der Tod"*[14] und *„Wo dein Schatz ist, da wird dein Herz auch sein"*.[15] Auch wenn ich dies dank eines Aufsatzes von Axel Schmitt entdeckt habe, so sind diese Bibelzitate doch sehr bekannt. So hat die englische Wikipedia seit 2005 einen Artikel „Matthew 6:21" (Matthäusevangelium 6:21) sowie seit 2008 „1 Corinthians 15" (1. Korintherbrief 15). In letzterem wird unterstrichen, dass das Kapitel traditionell am Ostersonntag Thema der Predigt ist. Das Matthäuszitat stammt aus der Bergpredigt. Sicher sind beide Sprüche auf einer gewissen Anzahl Grabsteine eingemeißelt und beide werden auch in Beileidsbriefen verwendet.[16] Es ist also nicht unbedingt ein Zeichen besonderer Religiosität, sie zu kennen. Obwohl viele Arbeiten in mehreren Sprachen erschienen sind, die die Abenteuer Harry Potters rein aus christlicher Sicht interpretieren, bin ich der Auffassung, dass dieser an sich interessante Interpretationsansatz dem weltweiten Er-

---

[14] Bd 7, S. 336 Bibelzitat: Korinther 15,26

[15] Bd 7, S. 334 Bibelzitat: Matthäus 6,21, siehe auch Axel Schmitt: Zwischen Macht und Liebe - ein Rückblick auf Harry Potter, 2007 - http://www.k-l-j.de/Potter7.htm (konsultiert 10.2.2013) Zitate in Familienbibel von 1966 „Als letzter Feind wird vernichtet werden der Tod;" und „Denn wo dein Schatz ist, da wird auch dein Herz sein."

[16] so z.B. 1935 http://webjournals.ac.edu.au/journals/GN/gn-vol25-no2-feb-1934/13-last-enemy-shall-be-destroyed-death-condolence-/ (konsultiert 12.2.13)

folg der Bücher nicht genug Aufmerksamkeit schenkt. Eine Voraussetzung für den Erfolg ist gerade die religiöse Neutralität der Erzählungen.

Als Gilderoy Lockhart in Hogwarts unterrichtet, versucht er den Valentinstag einzuführen, was die anderen Lehrer, besonders McGonagall und Snape, wie ihren Gesichtern anzusehen ist, nicht billigen, auch wenn sie nichts sagen. Auch bei den Schülern ist der Erfolg eher mäßig. Viel zu leicht wird man zum Gespött seiner Mitschüler, wenn ein hässlicher Zwerg einem ein Liebeslied ausrichtet.[17] Nach Lockharts Fortgang gibt es jedenfalls keinen Versuch, den Valentinstag als Tradition einzurichten.

3.3. Spiel und Sport

In Hogwarts gibt es viele Clubs und Vereine, in denen die Schüler sich organisieren, um ihre Freizeit zu gestalten. Viele ihrer Spiele ähneln denen, die wir kennen. So gibt es Zaubererschach, wo die klassischen Schachregeln gelten, doch die Figuren können die Züge eigenständig ausführen und sie kommentieren, was sie hauptsächlich tun, wenn der Spieler Anfänger ist. Dann geben sie Ratschläge oder tun ihre Meinung kund, doch nicht unbedingt strategisch klug, sondern jede Figur vertritt in erster Linie ihr eigenes Interesse. Jede ist offenbar zuerst am eigenen Verbleib auf dem Brett interessiert, wobei sie davon ausgeht, dass sie für den weiteren Verlauf des Spiels wertvoller ist als andere Figuren.[18] Das verwirrt einen Anfänger erst recht mit der Folge, dass er sich weniger konzentriert und so weniger Gewinnchancen hat.

---

[17]Bd 2, S. 245-248
[18]Bd 1 S. 217-218

Es gibt auch spezielle Kartenspiele wie „Snape explodiert". Der Name des Spiels lautet im Original *„Snap explodes"*. Snap(e), das für deutsche Ohren nur so heißt, weil es klingt, wie der Name des verhassten Severus Snape, ist ein einfaches Kartenspiel für Kinder, das in England tatsächlich existiert. Es ähnelt dem deutschen „Schnipp-Schnapp". Es wird auch Slaps oder Slapjack genannt. Ziel ist es, identische aufgedeckte Karten zu erkennen und durch „Snap" Rufen für sich zu gewinnen. Mit den Karten kann man auch ein Kartenhaus bauen. Doch wenn in der normalen Welt ein Kartenhaus schlicht einstürzt, wenn es aus dem Gleichgewicht kommt, explodiert es, wenn man magische Karten benutzt.

Im Koboldstein-Verein sind offenbar meist jüngere Schüler, die ein Spiel gleichen Namens spielen. Es handelt sich um eine Art Murmelspiel, bei dem die Murmel eine ekelig riechende Flüssigkeit verspritzt, wenn ein Punkt verloren wird.[19]

3.3.1. Quidditch

Die bekannteste Sportart in der Welt der Zauberer ist Quidditch. Um zur Gemeinschaft der Zauberer zu gehören, muss man wissen, was Quidditch ist. Gleich bei seinem allerersten Besuch in der Winckelgasse wird dies Harry deutlich. Nichtwissen macht einen zum Außenseiter. Die Beliebtheit des Spiels ist mit der des Fußballs vergleichbar. Sogar die Lehrer sind Fans und tun alles, um der Mannschaft ihres Hauses zum Gewinn zu verhelfen. So bestraft McGonagall Harry nicht, als er unerlaubt fliegt, sondern lässt ihn, obwohl er Erstklässler ist, entgegen den Gepflogenheiten der letzten

---

[19]Bd 3 S. 55 (hier sind die Steine noch mit „Gobstein" übersetzt, ebenfalls erwähnt in Bd 5, S. 414

hundert Jahre, in ihre Hausmannschaft aufnehmen.[20] Auch Snape, Hauslehrer der Slytherins, bevorzugt systematisch die Mannschaft seines Hauses. Sogar Albus Dumbledore ist ein Qidditchfan. Grundsätzlich ist man für die Mannschaft des eigenen Hauses. Wenn sie nicht spielt, unterstützen die Schüler eine der jeweiligen Mannschaften je nach persönlicher Vorliebe oder aus taktischen Überlegungen heraus. Da die Slytherins mehrere Jahre nacheinander den Hauspokal gewonnen haben und folglich ziemlich überheblich werden, unterstützen deshalb Ravenclaw und Hufflepuff mehrheitlich Gryffindor, als dies die Chance hat, den Pokal zu gewinnen.[21]

Dieses Spiel gibt es nur in der magischen Welt, so dass man, wenn man aus der normalen Welt kommt, erst Parallelen in anderen Ballsportarten sucht. Dean Thomas, wie Harry in der Muggelwelt aufgewachsen, war vor seiner Aufnahme in Hogwarts Fußballfan und hat oft die Tendenz, Fußballregeln auf Quidditch zu übertragen, so zum Beispiel wenn er „Rote Karte" ruft.[22]

Harry dagegen denkt als erstes an Basketball, als Oliver Wood ihm die Regeln erklärt.[23] Da mit den Händen gespielt wird, ist dies verständlich. Man kann aber auch an Baseball oder Kricket denken, was die Handhabung von Schlägern zur Abwehr der Klatscher angeht. Die Spielregeln sind relativ einfach. Gespielt wird mit sieben Spielern pro Mannschaft, vier Bällen und drei Torringen auf jeder Seite. Ein Spieler ist Torhüter, die zwei Treiber müssen die zwei eisernen Klatscher im Auge behalten, um sie daran zu hindern, die Spieler der eigenen Mannschaft zu verletzen oder gar

---

[20]Bd 1, S. 165-167
[21]Bd 3 u. 5
[22]Bd 1, S. 206
[23]Bd 1, S.184

vom Besen zu schlagen, währenddessen versuchen die drei Jäger den Quaffel in eins der Tore zu werfen, was der Mannschaft je zehn Punkte einbringt. Der siebte Spieler, der Sucher, muss versuchen, den kleinen geflügelten Schnatz zu entdecken und zu fangen. Erst wenn der Schnatz gefangen wird, ist das Spiel zu Ende. Der Fang bringt hundertfünfzig Punkte. Will man gewinnen, muss man also strategisch denken, und je nach den Gegebenheiten den Schnatz möglichst schnell fangen oder erst, wenn vorher ein Minimum an Toren geworfen wurde.

Quidditch ist ein brutaler Sport, obwohl es hunderte von möglichen Regelverstößen gibt, scheint die einzige Sanktion ein Freiwurf zu sein. Die Klatscher sind sogar gezielt so verhext, dass sie ständig auf die Spieler zu jagen. Verletzungen werden als Bestandteil des Spiels in Kauf genommen. Auch die strategischen Überlegungen zum Fang des Schnatzes führen zu aggressivem Verhalten. Wenn der Sucher der Gegenmannschaft den Schnatz zu früh zu fangen droht, sind alle Mittel recht. Wobei ein verbaler Angriff noch das harmloseste ist. Gegnerische Treiber jagen ihm einen Klatscher an den Kopf, er wird angerempelt oder in letzter Verzweiflung hält der andere Sucher den Besen fest.[24]

Der Schnatz war ursprünglich ein seltener magischer Vogel, doch da er häufig beim Fang zerquetscht wurde, starb er fast aus, so dass ein Ersatz gefunden werden musste.[25] Seitdem ist es ein kleiner goldener Ball mit Flügeln, der bei der Herstellung nur mit Handschuhen berührt wird, damit sichergestellt ist, dass er sich erinnert, wer ihn als erster berührt, sodass der Fänger zweifelsfrei ermittelt werden kann.

Nicht weil J.K. Rowling das Spiel erfunden hat, nimmt sie es ernster als andere Sportarten. Ihre Beschreibungen von

---

[24]wie Malfoy in Bd 3, S. 323
[25]Quidditch throughout the ages

Besenneuheiten ähneln den typischen Werbungen für neue technische Geräte aller Art. So wird die Beschleunigung unterstrichen, neue Bremsen, die unwillkürlich an ABS und neuere Optionen bei Autos denken lassen. Ein Besenmodell, das von einer Nationalmannschaft erworben wird, kann nur besser sein als alle anderen Modelle, und seine Ausstellung in einem Schaufenster führt zu einem Menschenauflauf.[26] Auch Rons Reaktion, als er auf Chos Umhang das Abzeichen einer Quidditchmannschaft sieht, die Siegeschancen hat, wirkt völlig übertrieben, abgesehen davon, dass die Bemerkung völlig fehl am Platz ist. Es handelt sich um einen Kommentar von jemandem, der eigentlich nichts von dem was um ihn herum passiert wahrnimmt, der nur reflexhaft auf bestimmte Zeichen reagiert.[27] Weil Quidditch nicht existiert, fällt dem Leser möglicherweise auf, wie lachhaft viele Diskurse unserer Welt sind.

3.4. Magische Praktiken

Die magischen Heilmittel, die regelmäßig in den Erzählungen verwendet werden, sind nicht alle der Phantasie der Autorin entsprungen. Vielmehr waren die Menschen jahrhundertelang von ihrer Wirkung überzeugt.

Der Bezoar galt lange Zeit als Heilmittel gegen viele Gifte. Als erster bewies Ambroise Paré 1567 experimentell, dass dies nicht stimmt. Ein zum Tode Verurteilter akzeptierte, sich vergiften zu lassen. Wenn der Bezoar ihn rettete, erlangte er die Freiheit. Der Mann starb nach stundenlan-

---

[26]siehe u.a. die Firebolt-Werbung Bd 3, S. 56

[27]Bd 5, S. 272 „Waren die immer schon deine Lieblingsmannschaft oder erst, seit sie demnächst Meister werden?" sagte Ron, in einem Ton, der Harry unnötig vorwurfsvoll schien.

gen Qualen.[28] Doch war dieser Versuch nicht das Ende des
Glaubens an die Kräfte des Steins. So schrieb der spätere
Kardinal Richelieu 1611 einen Dankesbrief für den Erhalt
eines Bezoars, der ihn von einer schweren Krankheit ge-
heilt habe.[29] Der Glaube an magische Heilmittel war und
ist weit verbreitet. Es ist ein Leichtes, Rezepte für Zaubertränke in der Literatur zu finden, zum Beispiel im „Maleus
Malleficarum"(*„Der Hexenhammer"*) von 1486.

Magier, Hexer, Zauberer und solche, die sich dafür halten, machen immer einen Unterschied zwischen weißer, also
guter und schwarzer, böser Magie. Der weiße Magier verwendet seine Fähigkeiten, um seine Umgebung günstig zu
beeinflussen, also positive Effekte oder moralisch neutrale
zu erzielen. Die Abgrenzung ist allerdings willkürlich. Man
kann sich fragen, was das Gute an einem Liebestrank ist.
Gut ist er sicherlich in den Augen, der Person, die ihn einsetzt. Die Person, die verliebt gemacht werden soll, sieht
das anders. So ist Harry schockiert, als er erfährt, Romil-
da Vane wolle ihm einen Liebestrank geben, damit er mit
ihr ausgeht.[30] Ron, der schließlich die damit gefüllten Pra-
linen isst, bekommt dadurch nur Ärger mit seiner Freundin. Auch der günstige Einfluss von Merop Gaunts Trank
auf Tom Riddle Senior ist nur begrenzt. Sowie der Zauber
nachlässt, macht der Mann sich aus dem Staub.

Was schwarze Magie ist, ist nicht weniger unklar. To-
desflüche wie *Adava kedavra* fallen darunter, ebenso der
Cruziato-Fluch und *Imperio*. *Levicorpus* ist nach allgemei-
ner Ansicht ein lustiger Streich, nur Hermine widerspricht[31]

---

[28]Thompson, C. J. S.: Poison Mysteries in History, Romance and
Crimet, New York: J.B. Lippincot, 1924, p.61-62
[29]zitiert nach fr.Wikipédia.org Artikel „Bezoard" (konsultiert 1. Juli
2013)
[30]Bd 6, S. 308-309
[31]Bd 5 Kapitel: Snapes schlimmste Erinnerung u. Bd 6, S. 241-244

mit Hinweis auf die Ereignisse bei der Quidditchweltmeisterschaft. Bis Snape Harry beschuldigt, mit *Sectum Sempra* schwarze Magie zu benutzen, war es ihm nie in den Sinn gekommen, die Notizen des Halbblutprinzen mit ihr in Verbindung zu bringen. Professor Umbridge wiederum geht so weit, Sprüche, um schwarze Magie abzuwenden, zu untersagen, als würden sie verdächtigt, gegen das Ministerium eingesetzt zu werden. So wäre ein schwarzmagischer Spruch nicht mehr der schwarzen Magie zuzuordnen, wenn ein Funktionär ihn verwendet, wobei gleichzeitig ein Abwehrspruch nicht mehr neutral oder gar positiv zu sehen wäre, sondern seinerseits schwarzmagisch und böse, da er gegen Repräsentanten der Macht eingesetzt wird.

3.4.1. Wahrsagen

In Hogwarts wird Wahrsagen als Wahlfach angeboten. Anders als Zaubertränke ist die Teilnahme nicht Pflicht. Denn es ist ein umstrittener Zweig der Magie. Viele der Zauberlehrer halten davon ebenso wenig wie die Mehrheit der Wissenschaftler unserer realen Welt.

Professor McGonagall hält sich mit ihrer Kritik nicht zurück[32] und auch Dumbledor ist skeptisch.[33] Doch als er Sybill Trelawneys Prophezeiung nach ihrem Vorstellungsgespräch hört, hinterlegt er sie in der Mysteriumsabteilung.

Harry lernt ab dem dritten Jahr in Hogwarts Wahrsagen. Allerdings ist es nicht seine erste Begegnung mit diesem Zweig der Magie. Schon im ersten Jahr wird er im Verbotenen Wald Zeuge eines Streits zwischen den Zentauren Bane und Firenze, die sich nicht einig sind, wie ein Zentaur sich zu verhalten hat. Es scheint, dass die Sterne für die fernere

---

[32]Bd 3, S. 116
[33]Bd 5, S. 986

Zukunft ungünstig stehen, woraus Bane schließt, dass Harry in der Gegenwart nicht geholfen werden darf. Er hat eine fatalistische Haltung dem Schicksal gegenüber. Nach dem Motto: „Komme, was da solle", handelt er nicht, tut nichts, was dazu führen könnte, die Vorhersagen ungültig werden zu lassen. Die Zukunft steht schon heute fest, und es steht einem Zentauren nicht zu, sie ändern zu wollen. Firenze, der den Sternen wesentlich kritischer gegenüber steht, ist dagegen der Überzeugung, das ein Zentaur einem Kind in Gefahr helfen muss, egal was die Sterne über die Zukunft sagen.

In den Bänden vier und fünf wird sogar die Frage gestellt, ob etwa Harry selbst ein Medium ist. Schließlich liest er Voldemorts Gedanken. Tonks verneint die Vermutung mit dem Argument, er sehe ja nicht in die Zukunft sondern erlebe Voldemorts Gegenwart mit. Es handelt sich eher um eine besondere Form der Telepathie.[34]

J.K. Rowling stellt Wahrsagen von Anfang an als einen sehr unseriösen Zweig der Magie dar. Sybill Trelawney mit ihren mystischen Gehabe wird als lächerlich und überdreht dargestellt, als jemand, der sich gezielt mit einem Hauch des Geheimnisvollen umgibt. Dabei übertreibt sie so stark, dass sie jede Glaubwürdigkeit verliert. So sagt sie mit schöner Regelmäßigkeit Harrys baldigen Tod voraus. Zum einen macht eine wiederholte Vorhersage, die nie eintrifft, auf Dauer nur noch wenig oder keinen Eindruck mehr. Zum anderen weiß die Zauberergemeinschaft, dass Voldemort Harry töten will, sodass die Aussage nicht vollkommen aus der Luft gegriffen ist und daher die Voraussage seines Todes nur noch bedingt als Wahrsagerei gelten kann.

Wie die Astrologen, macht Trelawney allgemein gehaltene Vorhersagen für die Zukunft. Bei Gelegenheit setzt

---

[34]Bd 5, S. 566

sie auf sich selbst erfüllende Prophezeiungen, zum Beispiel wenn sie dem tollpatschigen Neville nahelegt, eine bestimmte Tasse zu nehmen, nachdem er die erste zerschlagen habe. So unsicher wie Neville ist, überzeugt, nie den Erwartungen der Lehrer gerecht werden zu können, trifft die Vorhersage auch prompt ein. Parvati Patil und Lavender Brown, die fest von den Fähigkeiten ihrer Lehrerin überzeugt sind und eifrig zu beweisen suchen, dass die vorhergesagten Ereignisse auch eintreffen, sind beeindruckt. Nicht so Hermine.

Nachdem der Leser einmal von Trelawneys Unglaubwürdigkeit überzeugt ist, wird plötzlich eine echte Vorhersage geliefert. Natürlich ist man versucht, das Ereignis als Bluff abzutun. Doch dagegen spricht, dass sie sich nicht bewusst zu sein scheint, eine Prophezeiung gemacht zu haben. Wie ein antikes Orakel fällt sie in Trance und spricht mit einer völlig veränderten Stimme. Die Weissagung, die sie Harry Potter am Ende seiner Prüfung macht, folgt nicht dem typischen dramatischen Schema der Lehrerin. Diesmal gibt es keine zu beeindruckenden Zuhörer. Es geht nicht, wie üblich, um einen Unfall oder den Tod Harrys. Die Aussage ist offen, nimmt keinen gezielten Einfluss auf die Zukunft, hat keinen sichtbaren Bezug zu irgendeiner Person. Nach dem, was Harry und die Leser wissen, bezieht sie sich wahrscheinlich auf Sirius Black. Dass sich in der Folge herausstellt, dass nicht er, sondern sein früherer Freund Peter Pettigrew, genannt Wurmschwanz, Voldemorts Diener ist, hat nur die Konsequenz, dass Harry nach Wurmschwanz Flucht davon ausgeht, dass dieser Voldemort in seinem Versteck finden wird.[35] Er nimmt die Vorhersage somit ernst.

Sybill Trelawneys Weissagung während ihres Vorstellungsgesprächs mit Albus Dumbledore dagegen, - ein Jahr vor Harry Potters Geburt - hat dramatische Konsequenzen. Hät-

---

[35]Bd 3, S. 337

te niemand ausser Dumbledore Kenntnis davon bekommen, wäre sie nie eingetroffen. Doch ein Anhänger Voldemorts hörte einen Teil und informierte seinen Meister. Daraufhin versuchte Voldemort, um die Prophezeiung zu vereiteln, das Kind, das ihm eine Gefahr werden könnte, zu töten. Dadurch erlangt die Vorhersage den Rang einer sich selbst erfüllenden Prophezeiung. Hätte Voldemort sich nicht weiter um den Bericht gekümmert, wäre ebenfalls nichts passiert. Aber wie alle Tyrannen lebt er in der ständigen Angst, dass eines Tages jemand ihn herausfordern könnte. Die Prophezeiung bestätigt seine Sorge, und sie scheint ihm zu zeigen, woher die Gefahr kommen wird, und wie sie im Keim erstickt werden kann. Wie es schon in im Mythos von Ödipus der Fall ist, führen gerade die Unternehmungen, die die Vorhersage vereiteln sollen, die Voraussetzungen herbei, die zu ihrem Eintreffen führen.

Die Haltung vieler Zauberer der Wahrsagerei gegenüber ist misstrauisch bis ablehnend. Doch selbst in ihrer Ablehnung bleiben sie auf dem menschlichen Niveau dem Wahrsagen g egenüber. Immer beinhaltet die Kunst für sie die Vorhersage all der kleinen Ereignisse eines einzelnen Lebens. Die, die an die Wahrsagerei glauben, hoffen die Zukunft mit einem Wissensvorsprung besser meistern zu können, während ihre Widersacher sich über den Versuch allwissend zu werden, lustig machen und die Ereignisse der Zukunft als kausale Folgen von Handlungen in der Gegenwart werten. Sybill Trelawney begegnet den ironischen Bemerkungen ihrer Kollegen unterschiedlich. Manchmal behauptet sie, so zu tun als wisse sie etwas nicht, obwohl das Gegenteil der Fall sei, dann wieder, sie verschließe sich dem Wissen um die Zukunft willentlich, weil es eine schwere Bürde sein könne.[36]

---

[36] Bd 3, S. 239 „Häufig tue ich so, als ob ich nicht im Besitz des Inneren Auges wäre, um andere nicht nervös zu machen." - Bd 5, S. 371 zu

Als Harry Potter die alte ihn betreffende Prophezeiung hört, erfährt auch er, dass das Wissen um die Zukunft eine Last sein kann. Er kann nicht so tun, als sei sie Unfug, ist doch sein ganzes Leben durch sie verändert worden und wird es weiterhin, weil Voldemort immer noch versucht, ihn zu töten. Auch der Teil der Vorhersage, die Voldemort nicht kennt, *„keiner kann leben, während der Andere überlebt"*,[37] macht eigentlich keinen Unterschied. Harry interpretiert ihn dahingehend, dass einer von ihnen, entweder Voldemort oder er, sterben muss, damit der andere weiterleben kann. Man kann davon ausgehen, dass Voldemort zu dem gleichen Schluss gekommen wäre. Beide liegen falsch, heißt es doch, nach Dumbledores Interpretation, dass beide sterben müssen, weil ein Teil Voldemorts in Harry lebt. Konsequent zu Ende geführt, zeigt sich, dass auch diese Auslegung falsch ist, da die Zukunft noch weit weniger vorhersehbar, als erwartet.

Als Sybill Trelawney in Trance die Prophezeiung machte, war nur Albus Dumbledore anwesend. Wahrscheinlich aus einer Art wissenschaftlicher Vorgehensweise hinterlegt er die Vorhersage in der Mysteriumsabteilung. Es fragt sich, welchen Sinn es hat, alle bekannten Prophezeiungen dort zu sammeln, wenn nur die Menschen, die sie betreffen Zugang dazu haben. Wozu sie aufheben, wenn alle Beteiligten tot sind? Dann wäre es die einzige Aufgabe des Raumes, die Gesamtzahl aller gemachten Weissagungen seit Bestehen der Sammlung zu dokumentieren, ohne dass es eine Möglichkeit gäbe, den Wahrheitsgehalt im Nachhinein zu prüfen.

Umbridge „Das Innere Auge sieht nicht auf Befehl." - Bd 6, S. 547 „Das Innere Auge (...) war auf Dinge weit jenseits des profanen Reiches johlender Stimmen gerichtet."

[37] Bd 5, S. 987

Dumbledore hinterlegt zwar die Kugel mit der Vorhersage, spricht darüber aber mit niemandem. Severus Snape
dagegen, der den ersten Teil gehört hat, gibt seine Information sofort an Voldemort weiter. Warum? An keiner Stelle
in den sieben Bänden macht er eine Andeutung, was er
vom Weissagen hält. Er beachtet Sybill Trelawney überhaupt nicht. Doch als er einen Teil der Prophezeiung hörte,
glaubte er, seinem Meister das Wissen darum nicht vor-
enthalten zu dürfen. Er kennt Voldemort sicher gut genug,
um sich im Klaren darüber zu sein, dass er keinen Rivalen duldet. Ihm von der Vorhersage zu berichten, heißt, ihn
darauf aufmerksam zu machen, dass seine Macht nicht ewig
dauern kann, dass eine Zaubererfamilie nicht nur mächtig
genug war, ihm schon drei Mal zu widerstehen, sie werden auch ein Kind in die Welt setzen, das ihm erfolgreich
die Stirn bieten wird. Hätte Snape die vollständige Weissagung gehört und weitergegeben, vielleicht hätte Voldemort
nicht versucht, Harry zu töten. Sicher ist es nicht, denn der
Text der Verkündung ist ungenau genug, um unterschied-
liche Interpretationen zu ermöglichen. Sicher ist dagegen,
dass Voldemort, hätte er nie von der Weissagung gehört,
auch nie auf den Gedanken gekommen wäre, den kleinen
Harry zu töten. So erfüllt sich die Weissagung selbst, weil
sie gehört und geglaubt wurde. Hätte Voldemort sie als Unfug verworfen, wäre ebenfalls nichts geschehen. Aber er ist
abergläubisch und in einer Position, in der er immer damit
rechnen muss, angegriffen und entmachtet zu werden. Doch
weil er das Kind vorsorglich angreift, jedoch nur seine Eltern töten kann, entwickeln die Ereignisse eine Eigendyna-
mik. Voldemort hat Harrys Eltern ermordet, und er muss
mit der Rache des Jungen rechnen. Also muss der Junge
sterben. Harry ist gezwungen sich, ob er will oder nicht,
gegen die Angriffe zu wehren, dabei spielt die Kenntnis der

Prophezeiung keine Rolle. Als er am Ende seines fünften Jahres in Hogwarts ihren Wortlaut hört, ändert sich nur eines: Bisher ging es ihm nur um sein Überleben, jetzt ist seine Situation hoffnungsloser, denn es reicht nicht mehr, dem Feind zu entkommen, er muss ihn töten, selbst zum Mörder werden, will er nicht sterben.

Als Dumbledore schließlich von der Weissagung spricht, sagt er, er hätte es Harry wohl früher sagen sollen, statt es feige vor sich herzuschieben. In dem Fall wäre Harry vielleicht nicht in die Mysteriumsabteilung gekommen, um Sirius zu retten. Sicher ist es nicht. Wenn es um Wahrsagen geht, ist nichts sicher. So hört Harry am Ende des dritten Jahres Trelawneys Vorhersage, dass ein Diener des schwarzen Lords zu ihm zurückkehren wird. Doch das ändert nichts am Ablauf des Geschehens. Die Vorhersage der Zukunft bleibt unsicher, zu viele Faktoren spielen eine Rolle. In diesem Fall ist Wurmschwanz schon gefangen, gefesselt und ohne Zauberstab. Eine Kleinigkeit reicht, - der Vollmond, der hinter den Wolken hervor kommt, - um alle Erwartungen, auch die der Leser, über den Haufen zu werfen. Wider Erwarten entkommt Peter Pettigrew. Auch in Harrys sechstem Jahr versucht Trelawney, in die Zukunft zu sehen. Dieses Mal mit Tarockkarten. Immer wieder versucht sie Dumbledore zu warnen, doch der schenkt ihr kein Gehör. Auch diesmal ist die Vorhersage richtig. Seltsam ist, dass die Lehrerin sich Gehör verschaffen will, als hoffe sie, das Wissen um die Gefahren der Zukunft könne eine positive Wirkung haben. Durch Geringhalten der bösen Omen? Ist die Zukunft für sie doch nicht reines Schicksal? Glaubt sie, im Gegensatz zu dem Zentaur Bane, dass man sie beeinflussen kann? Liegt es daran, dass sie Ron und Harry immer für ihre haarsträubenden Unglücksvorhersagen lobt, wenn diese ihrer Fantasie beim Schreiben der Hausaufgaben freien Lauf lassen? Ihre Haltung suggeriert, dass die Zukunft nur Schrecken bietet, doch dass diese nicht unbedingt auch eintreten, wenn man ihnen nur fest ins Gesicht schaut. Es ist jene Art magischen Denkens, die das Schlimmste annimmt, um es abzuwenden.

3.4.2. Die Zentauren

„Wir haben einen Eid abgelegt, uns nicht gegen den Himmel zu stellen"[38] sagt Bane. Zentauren lesen die Zeichen der Zukunft in den Sternen und gehen davon aus, dass man sich nicht gegen die Zeichen des Himmels stellen darf. Der Mars, der düstere Zeiten ankündigt, ist nicht nur ein Element der Vorausschau unter anderen. Er erhält eine entscheidende Stellung, die von einem Zentaur nicht in Frage gestellt werden darf. Bane und Ronan interpretieren seine Helligkeit dahingehend, dass sie nichts tun dürfen, wodurch die Vorhersage zu einer falschen werden könnte. Ihre Haltung hat als Grundlage ein Weltverständnis, das jede magische Gemeinschaft als unabhängig von den anderen sieht. Zukünftiges Unheil in der Welt der Zauberer geht Zentauren nichts an. Sollen die Zauberer selbst damit fertig werden. Nach ihrem Verständnis gehört der Wald nur ihnen. Sie wollen nicht wahrhaben, dass sie ihn nicht kontrollieren können. Die Aussicht auf einen zweiten Zaubererkrieg braucht sie, denken sie, nicht zu beunruhigen. Die Zukunft ist determiniert, Versuche, sie zu beeinflussen sind unzulässig. Ein Wesen, das Einhörner tötet, braucht sie ebenfalls nicht zu Kümmern. Nur Firenze ist anderer Ansicht. Solch einem Wesen muss Einhalt geboten werden, auch wenn das bedeutet, mit Menschen zusammenarbeiten zu müssen. Er steht der Zentauren-Astrologie kritisch gegenüber. Auch Zentau-

---

[38]Bd 1, S. 280

ren können die Zeichen falsch lesen.[39] Diese häretische Haltung führt zu seiner Verbannung. Erst als der Krieg um Hogwarts sich auf den Wald ausweitet, wo jetzt nicht mehr nur ein Riese wohnt sondern gleich mehrere, wo plötzlich Todesser ein und ausgehen, ohne sich im Geringsten um die Zentauren zu kümmern, erst als Hagrid ihnen zuruft, *„Zufried'n jetz', oder, dass ihr nich gekämpft habt, ihr feiges Pack Schindmähr'n? Seid ihr zufried'n, dass Harry Potter - t-tot is' ...?"*[40] erst da ergreifen sie Partei und helfen den Verteidigern des Schlosses. Erst am Schluss sehen sie ein, dass ein Krieg zwischen Zauberern direkt vor ihrem Wald sie betrifft und Einfluss auf ihr Leben hat, ob sie es wollen oder nicht. Eine neutrale Position ist unhaltbar, weil die negativen Auswirkungen auf ihr Leben immens sind.

Die Astrologie der Zentauren unterscheidet sich grundlegend von der der Menschen. Während Professor Trelawney glaubt, man könne das individuelle Schicksal eines einzelnen Menschen mit Hilfe der Sterne vorhersehen, wissen die Zentauren, dass nur die großen Linien und allgemeinen Tendenzen erkannt werden können. Auf das Leben eines Einzelnen kommt es hier nicht an. Bane ist sogar der Meinung, der Tod eines Menschen sei in Kauf zu nehmen. Der Einzelne ist nichts im Angesicht der Sterne, und ein Eintreten für ihn unnötig oder gar entgegen der zentaurischen Ethik. Aus der Sicht eines Zentauren ist menschliche Astrologie unwissenschaftlich. Firenze: *„Sybill Trelawney mag eine Seherin sein, ich weiß es nicht, [...] aber sie verschwendet ihre Zeit hauptsächlich mit dem eitlen Nonsens, den die Menschen Wahrsagen nennen."*[41]

---

[39] Bd 5, S. 706-709
[40] Bd 7 S. 736
[41] Bd 5, S. 708

3. Die magische Welt

Zentauren halten ihre eigenen Weissagungen für überlegen. Allerdings haben sie die Tendenz, das Leben in der Gegenwart vor lauter Interpretation der Zeichen für die Zukunft zu vernachlässigen. Wenn sich in einer bestimmten Situation die Frage stellt, handeln oder nicht, wählen sie mehrheitlich das Nichthandeln, ohne einen Gedanken daran zu verschwenden, dass auch dieses eine Handlung mit Folgen ist. Logisch verhalten sie sich nicht. Sie sind ganz auf ihre eigene Gattung konzentriert. Das Wesen, das Einhörner angreift, ist ihnen gleichgültig, da es keine Gefahr für sie ist. Ein Riese, der im Wald wohnt, sollte ihnen daher ebenfalls egal sein, ist es aber nicht, weil er eine potentielle Gefahr für sie ist. Was die Zentauren in den Sternen lesen, ist im Grunde genauso wenig seriös, ist ungenau und mit Fehlern behaftet wie die Wahrsagerei der Menschen.

4. Auf der Suche nach dem ewigen Leben

> Geld und Leben, so viel du dir wünschst! Die beiden Dinge, welche die meisten Menschen allem andern vorziehen würden - das Probleme ist, die Menschen haben den Hang, genau das zu wählen, was am schlechtesten für sie ist.
>
> Albus Dumbledore Bd 1, S. 323

In den Harry-Potter-Erzählungen suchen mehrere Personen nach einer Möglichkeit, den Tod zu überwinden und ewig zu leben. Zum Beispiel mit Hilfe des Steins der Weisen, der es Nikolas Flamel und seiner Frau Perenelle erlaubt 666 und 658 Jahre alt zu werden.[1]

Ein anderer Versuch, den Tod zu überlisten, erzählt das Märchen von den drei Brüdern. Gellert Grindelwald und Albus Dumbledore suchen in ihrer Jugend in dieser Richtung.

Voldemort geht einen dritten Weg, indem er versucht den Schaden, den eine Seele nimmt, wenn ein Mensch mordet,

---

[1]Bd 1, S. 240

zu seinem Vorteil zu wenden, indem er das Seelenteil in einem Objekt, einem Horkrux, verbirgt. Um ganz sicher zu gehen, wirklich unsterblich zu werden, ist sein Ziel eine siebenfache Teilung der Seele.

4.1. Der Stein der Weisen

Der Stein der Weisen wird benötigt, um das Wasser des Lebens herzustellen. Die Alchimisten haben lange nach ihm gesucht. Neue esoterische Werke behaupten sogar, gewisse Alchimisten hätten das Rätsel tatsächlich gelöst und Hunderte von Jahren gelebt, zum Teil unter verschiedenen Namen.

Im ersten Harry Potter Band sucht der böseste der lebenden Zauberer, Voldemort, den Stein, um wieder zu einem eigenen Körper zu kommen. Nach seinem Angriff auf den kleinen Harry war Voldemort spurlos verschwunden und da es keine Leiche gibt, gehen Dumbledore, Hagrid und andere davon aus, dass er noch lebt. Als Harry in Hogwarts aufgenommen wird, versteckt der Schulleiter den Stein der Weisen in der Schule. Harry und seine Freunde, die herausfinden wollten, was der dreiköpfige Hund Fluffy bewacht, entdecken das Versteck. Wenn sie auch zuerst durch die Information, Nicolas Flamel sei ein Freund Dumbeldores, in die Irre geführt werden. Schließlich ist Dumbledore ein lebender Zauberer, also müsste sein Freund ungefähr das gleiche Alter haben. Doch Informationen zu Nikolas Flamel finden sich nur in Büchern, die das Jahrhundert seiner Geburt behandeln.

Hier zeigt sich J.K. Rowlings Einstellung zum ewigen, beziehungsweise unendlich verlängerten Leben. Längeres Leben ist nicht gleichbedeutend mit längerem Ruhm für Taten, die über einen längeren Zeitraum hinweg vollbracht werden, seien diese Taten nun geistiger oder materieller Art. Es hat den Anschein, als wäre das lange Leben Flamels nur eine ewig verlängerte Rentnerexistenz. Er hat nach den ersten Jahren seines Daseins nichts Neues mehr vollbracht.

Nicolas Flamels größte Tat, für die er berühmt wurde, war die Herstellung des Steins der Weisen. Danach kam nichts mehr. Er und seine Frau lebten zurückgezogen über sechshundert Jahre. Er vermehrte sein Wissen nicht weiter, schrieb keine Bücher oder Aufsätze, die in einem Werk der Neuzeit Beachtung gefunden hätten. Wäre das der Fall gewesen, hätte Hermine seinen Namen in einem der konsultierten Werke gefunden. Die Autorin lässt den Alchemisten in seinem sechshundertsechsundsechzigsten Jahr den Tod annehmen, in jenem Jahr, dessen Zahl traditionell der Apokalypse zugeordnet wird. Der Mensch als endliches Wesen kann, wie er es auch anstellt, nicht unendlich leben. Das sechshundertsechsundsechzigste Jahr bedeutet seinen Tod.

Dumbledore, der Flamel kennt und auch weiß, wo der Stein verborgen ist, verspürt offenbar kein Bedürfnis, ihn für sich selbst zu benutzen, obwohl er doch ein sehr alter Mann ist. Wohl weil er den Tod als Teil des Lebens akzeptiert, gilt er als der größte lebende Zauberer. Er hat nicht nur Zauberformeln gelernt, er hat auch sich und seine Mitmenschen studiert und versucht, Lehren aus seinem Leben zu ziehen. Ewiges Leben scheint ihm nicht erstrebenswert. Den Stein der Weisen zerstört er ohne Bedauern. Auch Harry bedauert die Zerstörung des Steins der Weisen, aber nur in soweit, als das den Tod von Nicolas Flamel und seiner Frau bedeutet. Er selbst ist so jung, dass er den eigenen Tod nicht wirklich in Betracht zieht, obwohl er ihm gerade erst entronnen ist.

Voldemort will den Stein in seinen Besitz bringen, um wieder einen menschlichen Körper zu bekommen. Nach Dumbledores Auffassung will er ihn nur dazu verwenden, nicht um ewiges Leben zu erlangen. Denn der Stein kann durch äußere Einflüsse viel zu leicht zerstört werden. Er würde Voldemort von den Handlungen anderer Menschen abhängig machen.[2] Es ist aber vorstellbar, dass er ihn als Machtinstrument gegenüber seinen Anhängern benutzt hätte. Nach Gutdünken hätte er, mit Hilfe des Steins ewiges Leben geben und wieder entziehen können. Er wäre gottgleich geworden. Hier, am Anfang der Saga, erfährt der Leser noch nicht, was Voldemort wohl getan haben mag, um unsterblich zu sein, ohne das Elixier des Lebens zu besitzen. Klar gestellt wird jedoch, dass ewiges Leben kein erstrebenswerter Zustand ist.

4.2. Die Heiligtümer des Todes

Einen anderen Versuch, den Tod zu überlisten, erzählt das Märchen von den drei Brüdern.[3] Grindelwald und Dumbledore suchen in ihrer Jugend drei Objekte: Den Elderstab, den Stein der Auferstehung und den Tarnumhang der drei Brüder Peverell, die dem Märchen zufolge dem sicheren Tod in einem reißenden Strom durch Schläue entkommen waren und dafür vom Tod persönlich die drei Dinge geschenkt bekamen. Auch andere Zauberer wie Xenophilus Lovegood glauben, dass man eine Art ewigen Lebens erlangen kann, wenn man die drei magischen Gegenstände wieder zusammen bringt. Doch der jugendliche Albus Dumbledore und sein Freund Grindelwald suchen, um mit Hilfe der Heiligtümer zu Macht zu kommen und sich ganz irdische Wünsche zu erfüllen: Grindelwald will mit Hilfe des Steins der Auferstehung eine Armee von Inferi aufstellen, um seine ange-

---

[2]Bd 6, S. 506
[3]Bd 7 S. 415-418

strebte Herrschaft zu untermauern, während Dumbledore den Stein benutzen würde, um seine verstorbenen Familienmitglieder wieder zu beleben.[4] Aber in erster Linie geht es den beiden jungen Männern darum, Macht zu erlangen.

Man kann sich fragen, ob Leute wie Xenophilus Lovegood sich wirklich Gedanken über das Märchen gemacht haben. Denn wie kann man glauben, dass der Tod Geschenke macht, die es erlauben, ihn endgültig zu überwinden? Zeigt das Märchen nicht vielmehr, dass diese Geschenke nur zu einem früheren Tod führen, wenn man sie nicht richtig zu benutzen weiß? Die drei Brüder überwinden ein Hindernis und entgehen dem Tod, weil sie gemeinsam handeln. Zu dritt sind sie stark. Der Tod macht jedem der drei ein individuelles Geschenk. So zerstört er ihre Eintracht und kann jeden einzeln holen, indem er dessen Schwäche ausnutzt. Nur der jüngste Bruder erkennt die Falle des Todes und umgeht sie geschickt.

4.2.1. Der Elderstab

Der Elderstab ist mächtiger als jeder andere Zauberstab. Der erste Inhaber benutzt ihn sofort, um sich andere Zauberer zu unterwerfen, und prahlt mit ihm. Im Märchen wird der Besitzer des Elderstabes schnell von einem Zauberer getötet, der in den Besitz des Stabes kommen will. Offenbar wurden die meisten Halter in der Folgezeit ermordet. Und gegen heimtückischen Mord ist der beste Zauberstab machtlos. Allerdings verliert sich irgendwann die Spur des Elderstabes. Die Forscher, die sich die Suchenden nennen, sind sich nicht einig, welcher von zwei Brüdern den Stab besaß, als sich die Spur verlor. Diese beiden haben nicht mit seinem Besitz geprahlt und starben nicht durch Mord. Die

---

[4]Bd 7, S. 724

Zauberergemeinschaft hört erst wieder vom Elderstab, als der Zauberstabmacher Gregorovitch sich mit seinem Besitz brüstet. Als der Stab ihm gestohlen wird, sagt er es niemandem. Der Besitz eines berühmten Zauberstabes kann für einen Zauberstabmacher ein Werbeargument sein, bestohlen zu werden, ist es weniger. Weil er nie sagt, dass er den Stab verloren hat, wird er schließlich ermordet, wie so viele der Inhaber vor ihm.

Es ist eigentlich nicht einmal sicher, dass es sich bei dem gestohlenen Zauberstab um den Elderstab handelte. Es hätte ein Werbeargument Gregorovitchs sein können. Doch da Dumbledore der Überzeugung ist, dass es sich tatsächlich um den Elderstab handelt, und Dumbledore große Kenntnisse besitzt, kann man annehmen, dass es stimmt. Es ist die Frage, ob der Zauberstab nicht dadurch, dass er nicht durch Mord sondern durch listigen Diebstahl erlangt wurde, nicht schon etwas von seiner Macht eingebüßt hatte. Denn wenn man dem Märchen glauben schenkt und der Elderstab immer gewinnt, wie konnte es dann geschehen, dass Grindelwald trotz des Elderstabs Dumbledore unterlag? Möglicherweise sagt Grindelwald zu Voldemort, dass er den Stab nie besessen hat, weil der Zauberstab den neuen Besitzer nicht wirklich anerkannte, da er weder im Kampf, noch durch Mord gewonnen wurde.[5] Ober aber es handelt sich nur um einen Aberglauben, und die Besitzer des Elderstabs gewannen ihre Duelle deshalb, weil die Gegner von vornherein davon überzeug waren, dass sie verlieren würden. Es wäre also eine sich selbst erfüllende Prophezeiung. Gegen diese Theorie, die gewiss Hermines Zustimmung gefunden hätte, sprechen Dumbledores Vorkehrungen bei der Inszenierung seines Todes.

---

[5]Bd 7, S. 463

Als Dumbledore stirbt, weiß er, dass es sich bei seinem Zauberstab um den Elderstab handelt. Aber, so wie vor ihm Grindelwald, erzählt auch er niemandem, was es mit seinem Zauberstab auf sich hat. So versucht auch niemand ihn zu töten, um ihm den Zauberstab abzunehmen.

Daraus folgt die Frage, ob es überhaupt eine Möglichkeit für Voldemort gab, vom Elderstab als rechtmäßiger Halter anerkannt zu werden. Selbst wenn Draco Malfoy Dumbledore nicht entwaffnet hätte, bevor Snape den Todesfluch sprach, so hat Dumbledore doch seinen Tod durch Snape mit diesem vereinbart, in der Hoffnung, dadurch die Macht des Stabes zu brechen. Wäre das gelungen, wäre es ebenso sinnlos gewesen, Snape zu töten. Jedenfalls ging Dumbledore davon aus, dass ein verhandelter Mord nicht als Sieg über den Gegner akzeptiert würde, ist es doch eher ein verkappter Selbstmord. Wäre alles nach Plan gelaufen, hätte der aus dem Grab geraubte Elderstab schon seine Macht verloren gehabt. Doch selbst wenn die Macht des Stabes noch nicht endgültig gebrochen wäre, würde der Elderstab Voldemorts Mord an Severus Snape als Sieg im Kampf anerkennen? Das erscheint wenig denkbar. Im bisherigen Verlauf der Geschichte waren die Inhaber des Elderstabs immer entweder im Schlaf getötet worden, womit der Mörder einem Duell mit unsicherem Ausgang aus dem Weg ging, oder der Stab wurde im Zaubererduell gewonnen. Doch tötet Voldemort durch seine Schlange und nicht mit dem Zauberstab. Ein Angriff durch eine Schlange ist nicht einem Duell mit dem Zauberstab gleichzusetzen. Dass Voldemort, der doch sehr mächtige Zaubersprüche kennt, keinen davon gegen Snape benutzt, liegt daran, dass er glaubt, sein Zauberstab folge noch Severus Snape. In dem Fall wäre der Stab gegen Snape ebenso machtlos, wie Voldemorts alter Zauberstab gegen Harry Potter, der im Besitz eines Zwillingsstabes war, und Zwillingsstäbe funktionieren im Kampf gegeneinander nicht ordentlich.

Der letzte Kampf zwischen Harry und Voldemort beweist, dass der Elderstab nicht die Gefolgschaft wechselt, wenn kein Kampf stattgefunden hat, sondern das Opfer seinen Tod ohne Gegenwehr von vornherein hinnimmt und als unvermeidlich akzeptiert. Denn beim vorherigen Zusammentreffen von Harry und Voldemort im Verbotenen Wald zog Harry seinen Zauberstab nicht. Vielmehr sah er dem Todesfluch, der sein Leben beenden sollte, widerstandslos entgegen. Diese Situation führt nicht dazu, dass der Elderstab nun Voldemort als neuen Meister akzeptiert. Kein besonders mächtiger Zauberstab ist nötig, um den Todesfluch gegen einen wehrlosen Menschen auszusprechen. Voldemort macht sich auf die Suche nach dem Elderstab, weil er einen Zauberstab begehrt, der ihm garantiert, endlich Harry Potter zu besiegen. Dabei hält er sich nicht mit Details auf. Er beachtet nicht, dass der Elderstab schon mindestens zweimal besiegt worden ist. Einmal als Dumbledore ihn im Duell gegen Grindelwald gewinnt, sodann als Draco Malfoy Dumbledore entwaffnet, beziehungsweise. aus Voldemorts Sicht, Snape Dumbledore im Duell tötet. Ganz zu schweigen von den historischen Morden, die begangen wurden, um in den Besitz des Elderstabes zu kommen. Zeigen sie doch, dass der Zauberstab zwar mächtig ist, aber dass die Zauberkraft des Magiers, der ihn besitzt, ein alles entscheidendes Element ist. Schon bevor Dumbledore in den Besitz des Elderstabs kam, war er der mächtigste Zauberer seiner Zeit, was der Sieg über den Halter des Elderstabs nur unterstreicht. Dumbledores Weisheit zeigt sich darin, dass er den Sieg nicht dazu benutzt, sich mit seiner Kunst zu brüsten. All dies zeigt, dass der Stab zwar sehr gut ist, aber nur in Verbindung mit einem guten Zauberer. An der Sterblichkeit des Menschen ändert er nichts.

Die letzten Zweifel daran, dass der Elderstab mächtiger ist als andere Zauberstäbe, werden erst ganz am Schluss beseitigt. Als Hermine versuchte, Harrys zerbrochenen Zauberstab zu reparieren, war sie erfolglos.[6] Als Harry mit dem Elderstab den gleichen Zauberspruch benutzt, gelingt die Reparatur.[7]

4.2.2. Der Stein der Auferstehung

Während der Stein der Weisen seinem Besitzer Unsterblichkeit verleiht, gibt der Stein der Auferstehung einem Sterblichem die Macht, einen Verstorbenen wieder an seine Seite zu rufen. Den Stein zu benutzen, heißt, den Tod geliebter Menschen nicht hinzunehmen. Es ist ein Versuch, ihn ungeschehen zu machen.

Im Märchen benutzt der zweite Bruder den Stein der Auferstehung, um seine verstorbene Geliebte ins Leben zurückzurufen. Aber sie wird nicht wirklich wieder lebendig. Obwohl scheinbar menschlich, bleibt sie dem Totenreich verbunden. Anders als er wohl gehofft hat, ist sie nicht erfreut, wieder im Reich der Lebenden zu sein. Nicht nur ist sie durch eine Art Schleier von ihm getrennt, sie ist auch traurig und leidet an ihrer Anwesenheit in der Menschenwelt. So tötet der Bruder sich schließlich aus Gram.

Die Zauberer, die nach dem Stein suchen, haben nicht alle die gleichen Motive. Grindelwald will mit Hilfe des Steins mehr Macht über die Lebenden, indem er mit den Inferi Tod verbreitet.[8] Dumbledore will den Stein, um seine Eltern wieder zu sehen und nicht mehr die Verantwortung

---

[6]Bd 7, S. 357-358
[7]Bd 7, S. 757
[8]Bd 7 Kapitel King's Cross

für seine Geschwister tragen zu müssen, im Alter schließlich auch um die Schwester wiederzusehen. Doch als er den Stein endlich in Händen hat, ist der inzwischen mit einem tödlichen Fluch belegt worden, der ihn fast umbringt. Wenn man es recht betrachtet, ermöglicht der Stein der Auferstehung zwar, dass Lebende Tote sehen und mit ihnen sprechen können, aber die Toten kommen nicht in die Welt der Lebenden zurück, vielmehr kommen die Toten, um die Lebenden zu holen. In diesem Sinn benutzt Harry den Stein schließlich. Seine geliebten Toten sollen ihm den Weg vom Leben zum Tode erleichtern, sollen ihm den Mut geben, sehenden Auges in den Tod zu gehen. Dumbeldore rät Harry, nicht die Toten zu beklagen: *„Bedaure nicht die Toten, Harry. Bedaure die Lebenden, und vor allem diejenigen, die ohne Liebe leben.'*[9] Die Folgen, die die Verwendung des Steins der Auferstehung hat, illustrieren diese Aussage. Die Toten sind endgültig aus dem Leben der Lebenden verschwunden. Sie haben nicht den Wunsch zurückzukehren. Es sind die Lebenden, die lernen müssen, den Tod geliebter Menschen zu akzeptieren, ohne sie weiterzuleben. Es ist sinnlos die Verstorbenen bedauern, vielmehr ist es ratsam seine Mitmenschen von der Fähigkeit zum Mitleiden profitieren zu lassen.

4.2.3. Der Unsichtbarkeitsmantel

Der dritte Bruder, wie es heißt, der weiseste, benutzt den Mantel, um sich vor den Augen des Todes zu verstecken, sodass der Tod ihn nicht finden kann. Doch als er alt ist, nimmt er den Mantel ab und empfängt den Tod wie einen Freund. Er versucht nicht, ewig unter dem Mantel weiterzuleben. Er akzeptiert, dass das Leben einmal ein Ende hat.

---

[9]Bd 7, S. 731

Keiner der Interpreten des Märchens kümmert sich besonders um dieses Objekt. Wie allen Menschen, die mitten im
Leben stehen, ist es ihnen unvorstellbar, dass eine Zeit kommen wird, in der der Mensch des Lebens müde wird, in der
der Tod, das Ende des irdischen Lebens, angenommen wird.
Schopenhauer formuliert sehr klar, was einem manche, sehr
alte, Menschen sagen. Dass sich eine grosse Müdigkeit ein-
stellt, die das Ende des eigenen Lebens all seinen Schrecken
verlieren lässt. Ewiges Leben ist nicht mehr erstrebenswert.
„Ja schon die starre Unveränderlichkeit und wesentliche Be-
schränkung jeder Individualität als solcher müßte, bei einer
endlosen Fortdauer derselben endlich durch ihre Monotonie
einen so großen Überdruß erzeugen, daß man, um ihrer nur
entledigt zu sein, lieber zu nichts wurde. Unsterblichkeit der
Individualität verlangen heißt eigentlich einen Irrtum ins
Unendliche perpetuieren wollen."[10]

Grindelwald, Dumbledore, Xenophilus Lovegood, sie alle suchen den Mantel nur, weil er das dritte Heiligtum ist.
Wozu er gut sein soll, wissen sie nicht. Dumbledore braucht
gar keinen Mantel, um unsichtbar zu werden, wie er Harry schon im ersten Schuljahr erklärt.[11] Tatsächlich ist der
Mantel ein Objekt, das man teilen kann, anders als der Stab
und der Stein. Man kann allein darunter verschwinden, aber
er ist groß genug, um bis zu drei Personen Platz zu bieten.
Es müssen auch nicht unbedingt große Taten damit vollbracht werden. Es ist möglich, mit seiner Hilfe ungesehen
in der geschlossenen Bibliothek zu lesen oder anderen Schülern Streiche zu spielen. Man kann den Mantel aber auch
benutzen, um vor Feinden verborgen zu bleiben und so dem
Tod zu entkommen.

---

[10] Arthur Schopenhauer: Die Welt als Wille und Vorstellung. Bd 2, S.
628
[11] Bd 1, S. 232

4. Auf der Suche nach dem ewigen Leben

Das Thema Unsichtbarkeit wird immer wieder in der Literatur behandelt. Nach Platon benutzte Gyges einen Ring, der unsichtbar machte, um König von Lydien zu werden. Im Nibelungenlied besitzt der Zwerg Alberich eine Tarnkappe. Und bei Tolkien steht der Ring, der unsichtbar macht, im Zentrum der Romantrilogie *„Der Herr der Ringe"*. H.G. Wells schrieb einen Roman mit dem Titel *„Der Unsichtbare"*. Immer kann Unsichtbarkeit zum Guten wie zum Bösen verwendet werden, immer verleiht sie Macht über andere Menschen, weil sie es ermöglicht, alle ihre Geheimnisse auszuspähen.[12] Bei Rowling wird sie hauptsächlich dazu benutzt, ungesehen, also ungestört, von einem Ort zum anderen zu gelangen. Wobei die Besonderheit gegenüber anderen Erzählungen ist, dass die Unsichtbarkeit oft geteilt wird. Harry nimmt seine Freunde Ron und Hermine mit. Unsichtbarkeit ist nicht nur ein einsames Handeln, das den Besitzer notwendig von der Gemeinschaft ausgrenzt, wie etwa Gollum von seiner Familie verjagt wird. Das Wissen um den Mantel und sein Einsatz werden geteilt. In einer Welt voller Zauberei kann Unsichtbarkeit auch immer nur relativ sein, da es mit Homenum revelio einen Zauber gibt, der jede Anwesenheit eines Menschen anzeigt, sei er sichtbar oder nicht. Auch die Macht der Dementoren wird dadurch nicht gebrochen, da sie Menschen nicht sehen sondern erspüren.

Ein oberflächliches Lesen des letzten Bandes kann dazu führen, dass man glaubt, Harry sei im Besitz der drei Heiligtümer, als er Voldemort gegenübertritt. Doch der Stein ist seinen steifen Fingern in dem Augenblick schon entglitten. Nur Sekunden vom sicheren Tod entfernt, ist die körperliche Anwesenheit seiner geliebten Verstorbenen nicht mehr nötig.

---

[12]siehe auch Sebastian Dieguez: „La lumière sur l'Homme invisible". In: Cerveau & Psycho no 55, janvier-février 2013, p.80-86

Schlussendlich führen die drei Geschenke des Todes nie zur Unsterblichkeit, sondern erlauben es dem klugen Besitzer, sein Leben mit dem Wissen um seinen schlussendlichen Tod sorgsam zu leben und dem Tod am Ende sehenden Auges entgegenzutreten und ihn zu akzeptieren.

4.3. Horkruxe

Eine weitere Möglichkeit, sich Unsterblichkeit zu sichern, ist die Herstellung eines Horkruxes.[13] Der Begriff Horkrux ist eine Wortschöpfung J.K. Rowlings, sodass es eigentlich keine Etymologie des Wortes gibt. Die Verbindung von horrible (schrecklich) und Kruzifix ist jedoch deutlich erkennbar. Das Kreuz symbolisiert das Versprechen eines ewigen Lebens nach dem Tod. Voraussetzung ist eine untadelige Lebensführung und der Glaube an Gott. Ein Mord macht diese Aussicht zunichte. Der Horkrux soll ein ewiges innerweltliches Leben garantieren, ist eine Pervertierung der Religion.

Nur wenige Zauberer haben je von Horkruxen gehört, und als Dumbledore Direktor von Hogwarts wird, entfernt er alle Bücher zu dem Thema aus der Bibliothek. Er tut dies wahrscheinlich, weil die Herstellung eines Horkruxes eine zerstörerische Grundeinstellung zum Leben voraussetzt. Denn um einen Horkrux zu schaffen, muss der Zauberer einen Mord begehen. Einen Menschen umbringen zerreißt die Seele. Die so freigesetzte Energie wird dazu verwendet, ein Seelenteil in einem seelenlosen Objekt zu verbergen und dadurch ein Weiterleben über den Tod des Körpers hinaus zu ermöglichen.

Es ist ein seltsames Konzept. Warum will ausgerechnet der böse Mensch sich ewiges Leben sichern? Die böse Tat

---

[13]Bd 6, S. Kapitel Horkruxe und Bd 7, S.108-111

schlechthin ist der Mord an einem anderen Menschen. Der Mörder nimmt also für sich das Recht zu töten in Anspruch, will jedoch selber der Gefahr, getötet zu werden oder auch eines natürlichen Todes zu sterben, entgehen. Er spricht sich somit göttliches Wesen zu. Auf den ersten Blick scheint die Idee seltsam, doch der Leser hat keine Schwierigkeiten, sich die Prozedur auszumalen, sie als Möglichkeit in einer magischen Welt zu akzeptieren. Was wohl damit zusammenhängt, dass die Idee, sich eines Teiles seines Charakters entledigen zu können oder unangenehme Gefühle nie wieder zu spüren, jedem Menschen bekannt ist.

David Colbert weist darauf hin, dass es viele Märchen gibt, in denen ein Stück der Seele außerhalb des Körpers versteckt wird.[14] Auch in der psychologischen Literatur wird das Konzept des abgetrennten Seelenteils beschrieben. So schreibt C.G. Jung: *„Es ist nun ein psychologischer Grundsatz, dass ein vom Bewußtsein abgespaltenes Seelenteil nur scheinbar inaktiviert wird."*[15] Er glaubt, dass der im Unbewussten versteckte Teil des Wesens dennoch - oder gerade weil er unbewusst ist - Einfluss auf das Handeln hat. Das ist im Fall Voldemorts anders, da er die Teile außerhalb seines Körpers versteckt, können sie sein Handeln nicht parasitie-

---

[14]David Colbert p. 277-280

[15]C.G. Jung Zur Psychologie des Kinderarchetypus S. 119 *„Es ist nun ein psychologischer Grundsatz, dass ein vom Bewußtsein abgespaltenes Seelenteil nur scheinbar inaktiviert wird, in Wirklichkeit aber zu einer Besessenheit der Persönlichkeit führt, wodurch deren Zielsetzung im Sinne des abgespaltenen Seelenteiles verfälscht wird. Wenn also der kindhafte Zustand der Kollektivseele bis zur gänzlichen Ausschließung verdrängt wird, so bemächtigt sich der unbewußte Inhalt der bewußten Zielsetzung, wodurch deren Verwirklichung gehemmt, verfälscht oder geradezu zerstört wird. Ein lebensfähiger Fortschritt aber kommt nur zustande durch die Kooperation beider."*

ren. Doch andererseits beeinträchtigen die blinden Flecken, die sie hinterlassen, seine Urteilskraft.

Während Jung das Phänomen der geteilten Seele von einem universellen Standpunkt aus betrachtet, interessiert sich Boris Cyrulnik für Kinder, die, wie der kleine Tom Riddle, so außergewöhnlich grausames Leid erlitten, dass sie es nicht mit anderen Menschen teilen können. *„So schnitten sie ihre Seele entzwei, eine Hälfte im hellen Licht und eine andere im Schatten, die im Geheimen leidet."*[16] So wie Voldemort alle mit Schmerz verbundenen Gefühle in Horkruxe verbannt. Doch da Voldemort weit über die psychische Ausschaltung von Affekten hinausgeht, die ja kein Weiterleben über den Tod hinaus ermöglichen, seine Horkruxe auch nicht ganz so konstruiert sind wie die versteckten Seelenteile in Märchen, wie dem von der Hexe Babajaga, wird auf Voldemorts Horkruxe weiter unten eingegangen.

4.4. Gespenster

Gespenster sind auf eine gewisse Art, obwohl gestorben, doch unsterblich. Sie sind in einer Art Zwischenwelt zwischen Leben und Tod gefangen. In Oscar Wildes Erzählung „Das Gespenst von Canterville" kann der Geist Dank des Mitleids eines Kindes endlich sterben. In Rowlings Zaubererwelt wird eine Möglichkeit des endgültigen Sterbens nicht erwähnt. Der Fast Kopflose Nick erklärt Harry, dass Zauberer die Wahl haben, zu sterben oder in einer Zwischenwelt zu verharren, eine Option, die jedoch nur wenige wählen. Die meisten „gehen weiter" wie er sagt. Doch da er Angst vor dem Tod hatte, und das Geisterdasein wählte, kann er nichts weiter dazu sagen. Allerdings zeigt seine Er-

---

[16]Boris Cyrulnik in "Autobiographie d'un épouvantail"; Odile Jacob 2008. p. 24

läuterung, *„Ich hatte Angst vor dem Tod [...] Ich entschied mich dafür, zurückzubleiben. Manchmal frage ich mich, ob ich nicht doch ... nun, es ist weder hier noch dort ... tatsächlich bin ich weder hier noch dort ..."*[17] dass es vielleicht genügen würde, endlich den Mut zum Weitergehen aufzubringen, um von der Welt der Geister in jene der Toten zu wechseln. Den Mut hat er nicht. Alle Hogwartsgespenster haben es unterlassen, einen Schlussstrich unter ihr Leben zu ziehen. Obwohl schon lange tot, können sie es nicht lassen, weiterhin mit ihrem Leben zu hadern. So mault Myrte auch noch fünfzig Jahre nach ihrem Tod. War sie erst mit ihrem Leben unzufrieden, so ist sie es jetzt mit ihrem Tod. Sie lernt nie dazu, ist einzig auf ihr kleines Ego konzentriert. Während der Fast Kopflose Nick nie erzählt, warum er geköpft wurde, sondern sich nur regelmäßig über die schlechte Arbeit des Henkers beklagt und auch noch nach vierhundert Jahren bedauert, dass der Kopf nicht ganz abgehackt wurde.

Interessant ist auch der Fall des Blutigen Barons und der Grauen Dame. Während all der Jahre, die Harry in Hogwarts verbringt, erfährt er nicht, was es mit dem Blutigen Baron auf sich hat. Sogar die anderen Gespenster wagen es nicht, ihn zu fragen. Nie wird der leiseste Hinweis gegeben, dass eine Verbindung zwischen den beiden Gespenstern bestehen könnte. Doch zu Lebzeiten war der Baron ein Verehrer Helena Ravenclaws, Tochter Rowena Ravenclaws, Mitgründerin Hogwarts, die ihrer Mutter das Diadem stahl, da sie nicht akzeptieren konnte, weniger klug zu sein als die Mutter. Sie war bis in den Tod neidisch. Der blutige Baron verübte Selbstmord, nachdem er Helena Ravenclaw aus Wut getötet hatte. Nun spuken beide in Hogwarts, ohne ihre Vergangenheit in Frage zu stellen, vielmehr wollen sie

---

[17] Bd 5, S. 1011

sie seit Jahrhunderten vergessen machen. Sogar als Geister sind sie nicht sie selbst. Der Blutige Baron kultiviert seinen Ruf als grausamer Mörder, der gewiss schließlich selbst ermordet wurde. Was sich immer besser macht, als zuzugeben, aus Verzweiflung Selbstmord begangen zu haben - jedenfalls in den Augen des Barons. Die Tochter Ravenclaws dagegen verliert nicht nur das Diadem und ihr Leben, schließlich hat sie nicht einmal mehr einen Namen, ist nur noch die „Graue Dame" ohne Vergangenheit. Am liebsten würde sie diese auf ewig vergessen machen. Nur mit Mühe kann Harry ihr das Geständnis entlocken, wer sie ist und dass sie Tom Riddle anvertraut hat, wo Ravenclaws Diadem versteckt liegt. Ihr Geheimnis ist ihr wichtiger als das Weiterbestehen der Schule. Dass Voldemort mit seinen Todessern Hogwarts angreift, ist ihr im Grunde egal. Allerdings hätte sie als Gespenst keinen Halt mehr, wenn der Ort, an dem sie spukt, verschwindet. Harry von Riddle zu erzählen, ermöglicht ihr ewiges graues Herumgeistern ohne Vergangenheit, ohne Zukunft.

Alle Gespenster haben es versäumt, mit ihrem Leben abzuschliessen und den Tod nicht akzeptiert. Da sie als Zauberer diese Möglichkeit hatten, wählten sie das Zwischenreich der Geister. Nicht ganz tot, aber auch nicht mehr am Leben, ewig hadernd mit ihrer Vergangenheit und Gegenwart.

Nun ist auch Voldemort ein Zauberer, und daher hätte er prinzipiell nach dem Tod die Möglichkeit, als Geist in Hogwarts zu bleiben. Aber weil er Allmacht anstrebte und den Tod überlisten wollte, steht ihm die Wahl nicht zu. Ausserdem ist es unvorstellbar, dass jemand, der allmächtig sein will, sich mit dem faden Abdruck seines Körpers zufrieden geben würde. Sein Tod, nachdem all seine separat versteckten Seelenteile schon gestorben sind, kann daher nur endgültig sein.

5. Severus Snape, eine tragische Figur

Wie viele der Charaktere bei Rowling hat Snape einen sprechenden Namen. Severus ist ein lateinisches Wort, das „ernst, streng, hart"bedeutet. Mehrere römische Kaiser und Politiker trugen den Namen. Sein Familienname Snape ist im englischsprachigen Raum nicht ungewöhnlich, auch einige Ortschaften heißen so. In einem Interview sagte Rowling, sie habe die Person nach dem Dörfchen Snape in der Grafschaft Suffolk benannt.[1] In dem Namen klingt das englische *snap* an. Deutsch schnappen, knallen. Die Wahl des Namens unterstreicht den ernsten Charakter der Romanfigur. Sein Aussehen spricht ebenfalls gegen ihn: Dünn, mit kalten Augen und fettigem schwarzem Haar, ähnelt er einem Filmbösewicht.

Severus Snape ist ein ernster, nachdenklicher Mensch, der von den Schülern erwartet, dass sie gewissenhaft arbeiten. Mangelnde Disziplin und Aufmerksamkeit bestraft er konsequent, außer wenn es sich um ein kleineres Vergehen eines Schülers seines Hauses handelt. Doch auch sie riskieren Strafarbeiten und Nachsitzen.[2]

Im Grunde ähnelt er darin Minerva McGonagall, nur dass sie, trotz ihrer Strenge positiv bewertet wird. Der wesentliche Unterschied zwischen den beiden Lehrern liegt in Mc-

---

[1] http://www.accio-quote.org/articles/2000/fall00-etoys.html (konsultiert 28/6/2013)

[2] z. B. Crabbe und Goyle im sechsten Schuljahr. Bd 6, S. 327

Gonagalls Bemühen, alle Schüler gleich zu behandeln, und die Schüler ihres Hauses nicht zu bevorzugen. Sie macht nur eine Ausnahme, wenn es um Quidditch geht. Aber auch in dem Fall begnügt sie sich mit dem Streichen von Hausaufgaben. Im Übrigen ist sie nicht weniger streng als ihr Kollege, und ihre Anforderungen sind ähnlich hoch.

Severus Snape ist eine der Figuren, die durchgehend in allen Bänden der Harry-Potter-Reihe auftauchen. Abgesehen von einigen wenigen Informationen weiß der Leser sehr lange fast gar nichts über ihn. Bis zur Mitte des fünften Buches muss man sich mit folgenden Informationen begnügen: Severus Snape ist Lehrer für Zaubertränke und Hauslehrer von Slytherin, und unter den Schülern geht das Gerücht, er würde regelmäßig für den Posten *„Verteidigung gegen die dunklen Künste"* kandidieren. Harrys Vater, James Potter, hatte ihm einst das Leben gerettet, seitdem hasste Snape ihn und in der Folge seinen Sohn Harry. Harry seinerseits verabscheut den Lehrer nicht weniger. Dabei sind die körperlichen Unterschiede zu James Potter gar nicht so groß, wie es einem beim Lesen erscheint. Allerdings hatte James Potter ein einnehmendes Wesen, und die dunklen ungekämmten Haare wurden in einem lachenden Gesicht zu seinen Gunsten gedeutet. Von Beginn an war Snape im Nachteil.

James Potter kam aus einer Familie von Reinblütern, war selbstsicher, beliebt, ein guter Quidditchspieler und hatte liebende Eltern, die gerne einen Schulfreund ihres Sohnes als Gast empfingen. Sirius erzählt Harry, dass er, nachdem er sich endgültig mit seiner Familie zerstritten hatte, in den Ferien zu James ging. Im Gegensatz dazu kommt Snape aus einer zerrütteten Familie mit unablässig streitenden Eltern. Die Familie lebte in einem heruntergekommenen Arbeiterviertel einer Muggelstadt, das in der Nachbarschaft einen schlechten Ruf hatte. Offenbar hatte die Familie nur wenig Geld, denn der Junge trug ärmliche Kleider aus zweiter Hand, zu groß und altmodisch. Die dunklen Künste faszinierten ihn, denn sie boten ein Ausweg aus seiner Machtlosigkeit.

Er und Harrys Mutter, Lily Evans, waren als Kinder Nachbarn. Seit jener Zeit liebte er sie. Gleichzeitig faszinierten ihn die dunklen Künste, weshalb er nach Slytherin wollte. Da Lily nach Gryffindor kam, war sie in ständigem Kontakt mit James Potter, der alles hatte, was Severus Snape fehlte. Snape musste bemerkt haben, dass auch James Interesse an Lily hatte, was seine Abneigung gegen ihn und seine Freunde nur verstärkte. Sicher waren die dunklen Künste für Snape eine Möglichkeit, zu Macht und Einfluss zu kommen. Doch um seine Zukunft nicht zu kompromittieren, war es besser, dass so wenig Menschen wie möglich wussten, woher er kam.

Anders als Harry, war er davon überzeugt, dass es wichtig ist, mit den richtigen Leuten befreundet zu sein. Draco Malfoy formuliert diese Sicht der Welt klar und deutlich: *„Du wirst bald feststellen, dass einige Zaubererfamilien viel besser sind als andere, Potter. Und du wirst dich doch nicht etwa mit der falschen Sorte abgeben.“*[3] Severus Snape will sich mit den „richtigen" Freunden umgeben, anders als Harry später, der mit einem ähnlich ungünstigen familiären Hintergrund lieber Menschen, die ihm sympathisch sind, zu Freunden nimmt. Allerdings hat Harry in einem gewissen Sinn einen Wissensvorsprung, weil er in der Grundschulzeit unter seinem Vetter Dudley und seinen Freunden zu leiden hatte, die definierten, wer die richtigen Freunde in der Schule waren. Harry gehörte zur falschen Sorte. Wer keinen Ärger mit Dudley wollte, durfte kein Freund Harrys sein.

---

[3] Bd 1, S. 120-121

5. Severus Snape, eine tragische Figur

Severus Snape, der sich mit den richtigen Leuten umgeben will, verliert so schließlich Lilys Freundschaft. Als Erwachsener ist er ein verschlossener Einzelgänger. Was er in der Folge auch macht, die Vorurteile, die ihn als einen Anhänger der schwarzen Künste brandmarken, sind stärker.

Schon am allerersten Abend in Hogwarts glaubt Harry, Snapes Abneigung zu spüren. Als Snape zu Harry hinblickt, hat der Junge den Eindruck, dass der Lehrer ihn nicht mag. Gleichzeitig brennt seine Blitznarbe, sodass Harry Snape mit Voldemort assoziiert.[4] Er erkennt nicht, dass es sich um zwei unabhängige Gefühle handelt. Snapes Abneigung gegenüber Harry, der seinem Vater, Snapes erfolgreichem Rivalen um die Gunst von Harrys Mutter, so stark ähnelt, ist zwar vorhanden, doch der Schmerz der Narbe hat nichts damit zu tun. Dieser ist die Folge von Voldemorts Hass auf ihn. Voldemorts Geist, der sich in Quirrels Kopf versteckt hält, befindet sich direkt neben Snape, der an Quirrels Turban vorbei zu Harry hinsieht. So wie bei diesem allerersten flüchtigen Kontakt verläuft die weitere Beziehung zwischen Snape und Harry. Weil Snape den Jungen nicht ausstehen kann, werden ihm regelmäßig Handlungen zugeschrieben, für die er nicht verantwortlich ist, die er häufig sogar zu verhindern sucht. Als beim Quidditch Harrys Besen verhext wird, wird Snape verdächtigt. Der Beweis, dass er Harry in dieser Situation geholfen hat, ändert nichts an der Haltung der Jugendlichen. Auch im weiteren Verlauf der Geschichte wird nichts, was Snape tut, zu seinen Gunsten interpretiert! Immer wird er schwarzmagischer Machenschaften verdächtigt, oder ihm wird sein offensichtlicher Hass auf Harry vorgehalten.

Im dritten Schuljahr bereitet Severus Snape regelmäßig einen Trank, der Remus Lupins Verwandlung in einen Wer-

---

[4]Bd 1, S. 139

wolf lindert. Lupin ist ihm dafür zwar dankbar, an ihrer gegenseitigen Abneigung, die aus ihrer eigenen Schulzeit herrührt, ändert das aber nichts. Nach dem Trimagischen Turnier, als sich herausstellt, dass Snape als Dumbledores Spion arbeitet, akzeptierten Harry, seine Freunde und auch sein Pate Sirius Black dies nur widerwillig. Ihr Misstrauen und ihre Abneigung gegen ihn bleiben bestehen. Immer wieder gibt es widersprüchliche Informationen. Snape hasst Harry und gleichzeitig hilft er ihm wiederholt. Harry hat keine Möglichkeit, diese Widersprüche in Einklang zu bringen. Er hasst seinen Lehrer schlicht ebenfalls. Wenn jemand versucht, etwas Gutes in Snape zu sehen, wie es Hermine manchmal tut und natürlich auch Dumbledore, so verschließt er sich deren Argumenten, die nicht in sein Bild passen.

Obwohl die Erwachsenen, insbesondere Remus Lupin und Albus Dumbledore, die Gründe für Snapes Abneigung kennen, geben sie ihr Wissen nur zögernd und unwillig an Harry weiter. Dumbledore, weil er Snape sein Wort gegeben hat, Lupin, weil er Harrys Idealbild seines Vaters nicht zerstören will. Beide, weil sie glauben, er sei zu jung, um die Wahrheit zu erfahren, aber auch um die eigenen Geheimnisse zu schützen.

Erst als Snape stirbt, kommt die ganze Wahrheit ans Licht, wird die Dramatik seines Lebens offenbar.

Jetzt gibt es eine neue Lesart von James, dem Retter Snapes: James' Freund Sirius Black fand es eine gute Idee, dem allzu neugierigen Snape einen Werwolf begegnen zu lassen. Aber die Folge wäre der Schulverweis von James Potter und seinen Freunden gewesen. Snape zu retten, hieß also, seine eigene Haut zu retten. Zu jener Zeit entfremden sich Lily und Severus mehr und mehr. Dennoch liebt Snape sie weiterhin, erst ohne Hoffnung, dass sie seine Liebe erwidert, später ohne jede Hoffnung, über ihren Tod hinaus. Auch in seinem Fall gilt, wie für Harrys Mutter, dass Voldemort die Macht der Liebe unterschätzt, weil er selbst keine kennt. Doch erklärt die Liebe Snapes Verhalten? Ganz eindeutig nicht. Denn Snapes Charakter hat zwei Seiten, die nur schwer in Einklang zu bringen sind. Einerseits kennt er die Liebe, andererseits scheint er zu glauben, dass Liebe ein Fehler ist, eine Art Schandfleck, den es zu verbergen gilt.

Für Severus Snape ist es wichtig, die richtigen Freunde zu haben, wichtig, sich deren Normen entsprechend zu verhalten, wenigstens in der Öffentlichkeit. Eine dieser Normen besagt, dass man Zauberer mit Muggeleltern verachtet und beschimpft. Ein Mädchen aus solch einer Familie zu lieben, würde bedeuten, die Achtung seiner Freunde zu verlieren. Die richtigen Freunde zu haben, heißt auch, kein Wort über den Muggelelternteil zu verlieren. Allerdings ist Snapes Haltung in beiden Fällen ambivalent. In der Öffentlichkeit beschimpft er Schulkameraden aus Muggelfamilien als Schlammblüter, doch das einzige Mädchen, das er je liebte, ist eines. Er spricht nie davon, dass sein Vater ein Muggel ist, doch in sein Zaubertränkebuch des sechsten Jahres schreibt er nicht seinen Namen, sondern *„Dieses Buch ist Eigentum des Halbblutprinzen."*[5] Wodurch er einerseits den Nachnamen seiner Mutter, einer Hexe, zu einem Titel erhebt, andererseits aber die Muggelherkunft seines Vaters nicht verleugnet. Auf eine ungeschickt wirkende Weise, steht er zwar zu seiner Herkunft, doch verbirgt er gleichzeitig seine wahre Identität. Nur wer den Mädchennamen seiner Mutter kennt, kann die Verbindung zwischen Severus Snape und dem Halbblutprinzen herstellen.

Um sich zu schützen, lernt Snape Okklumentik, die Kunst seinen Geist zu verschließen. Da es gut ist zu wissen, was

---

[5]Bd 6, S. 196

ein Gegner vorhat, lernt er auch Legilimentik, die Kunst des Gedankenlesens. In beiden Techniken ist auch Voldemort ein Meister.

Der Preis, den Snape für sein Doppelleben zahlt, ist hoch. Niemand außer Dumbledore kennt die Wahrheit, darf sie kennen. Seltsam ist seine Heimlichkeit deshalb, weil er gerade den positiven Teil seines Charakters verbirgt, während andere Menschen genau das Gegenteil tun würden, die Liebenswürdigkeit hervorheben und insgeheim Böses tun.

Was in der Jugend eine Maßnahme des Selbstschutzes war, ein einfacher Versuch, nicht zum Gespött seiner Freunde zu werden, weil er ein Schlammblut liebt, wird nach Lilys Tod die unabdingbare Voraussetzung, um Voldemort und seine Todesser auszuspionieren. Da Snape seine Gefühle meisterhaft verbergen kann, erkennt niemand, wie stark ihn ihr Tod mitgenommen hat. Niemand, nicht einmal Dumbledore, wird gewahr, dass er sie auch sechzehn Jahre nach ihrem Tod noch liebt wie damals als Jugendlicher. Doch ist es gerade diese bedingungslose Liebe, die Snape dazu bringt, Dumbledores Anweisungen zu folgen.

Im dritten Schuljahr folgt Snape Harry und seinen Freunden in die Heulende Hütte, um sie vor einem Werwolf und einem gesuchten Mörder zu schützen. Niemand dankt Snape dafür, niemand außer Dumbledore respektiert und bewundert ihn. Das ist sicher einer der Gründe, warum er Dumbledores Wunsch akzeptiert, ihn zu töten, auch wenn es ihm widerstrebt.

Auf Dumbledores Wunsch weist Snape Harry im fünften Schuljahr in die Kunst der Okklumentik ein. Jeweils vor dem Unterricht entfernt er einige seiner Gedanken aus seinem Kopf, um zu verhindern, dass Harry versehentlich Zugang zu ihnen bekommt. Es ist keine sinnlose Vorsichtsmaßnahme, denn einmal dringt Harry tatsächlich unbeabsichtigt in seine Erinnerungen ein.[6]

Doch auf eine gewisse Weise ist es auch eine Fehlleistung, denn die Gedanken sind besser im eigenen Kopf aufgehoben als im Denkarium, wo sie nur sicher sind, solange dies unter Snapes Aufsicht steht. Das Interessante am Denkarium ist ja gerade, dass es ermöglicht, in fremde Erinnerungen einzutauchen, ohne Gewalt anzuwenden. Erinnerungen können auf diese Weise geteilt werden, ohne durch eine vermittelnde Erzählung deformiert zu werden. Snape weiß von den Vor- und Nachteilen des Denkariums. Er kennt auch Harrys Neugierde, seinen Hang, Grenzen zu überschreiten und sich über Verbote hinwegzusetzen. Weil er das Denkarium in Harrys Gegenwart benutzt, stachelt er Harrys Neugierde erst an. Es ist menschlich, dass dieser sich fragt, was der Lehrer wohl um jeden Preis vor ihm geheim halten will.

Harry, der fest davon überzeugt ist, sein Vater sei ein guter Mensch gewesen, glaubt Snape nicht, der ständig das Gegenteil behauptet. Aus Harrys Sicht sind Snapes Anschuldigungen aus der Luft gegriffen. So bietet das Denkarium[7] die Gelegenheit, Harry die Wahrheit zu zeigen, ungefiltert, ohne es ihm zu erlauben, sich hinter Ausreden zu verstecken oder durch Wegsehen zu schützen. Allerdings zeigt die Erinnerung nicht nur die Interaktionen in der Freundesgruppe um James Potter und ihre Vorliebe, Severus Snape zum Ziel ihrer geschmacklosen Scherze zu machen, sondern auch die geheime Verbindung zwischen Lily und Severus, die bei diesem Vorfall ihr endgültiges Ende findet.

Bei seinem Eintauchen ins Denkariums findet sich Harry in einer Prüfung wieder. Da dieses magische Objekt dem Benutzer eine gewisse Bewegungsfreiheit erlaubt, interes-

---

[6]Bd 5, S. 695
[7]Was Harry im Denkarium sieht: Bd 5, S. 752-762

siert sich Harry mehr für den jungen James Potter, der ebenfalls im Saal sitzt, als für Severus Snape, dessen Erinnerung er doch teilt. So sieht er, wie sein späterer Vater, der mit seinen Aufgaben fertig ist, Lilys Namen auf ein Papier kritzelt und dann durchstreicht, wie man es macht, um zu verhindern, dass andere Augen das Geschriebene lesen. Auch in der weiteren Erinnerung deutet alles darauf hin, dass James Potter ein Auge auf Lily Evans geworfen hat, die ganz und gar nicht an ihm interessiert ist. Doch da dies Snapes Erinnerung ist, muss man weiter gehen. Wenn also Snape die gleiche Richtung einschlägt, wie James und seine Freunde, dann aus dem gleichen Grund: um in Sichtweite von Lily zu bleiben. Und warum bleibt ein Junge in Sichtweite eines Mädchens? Natürlich, weil er in sie verliebt ist. Der Ablauf der Ereignisse erlaubt keinen Rückschluss darauf, ob Lily ein besonderes Interesse an einem der Jungen hat, doch Severus steht ihre nahe genug, um sie sofort eingreifen zu lassen, als James ihn angreift. Doch Snape ist derart beschämt über seinen Gesichtsverlust, dass er Lily nicht dankt, sondern den unverzeihlichen Satz ausspricht: *„Ich brauch keine Hilfe von dreckigen kleinen Schlammblüterinnen wie der!"*[8] Lily verletzt diese Aussage schwer, wie ihre Antwort zeigt. Sie kündigt ihm die Freundschaft, als sie sagt, dass sie ihm in Zukunft nicht mehr beistehen wird und dies dadurch unterstrich, dass sie den Spitznamen „Schniefelus"von James und Sirius übernimmt und auch noch öffentlich auf Severus' schmutzige Unterhose hinweist. Bestätigung findet diese Interpretation bei Harrys zweitem Eintauchen in Snapes Erinnerungen während der Schlacht um Hogwarts, nachdem der sterbende Snape ihm seine Erinnerungen vermacht hat. Denn in der Nacht nach dem fatalen Wortwechsel versuchte der Junge erfolglos, sich bei Lily

---

[8]Bd 5, S. 761

zu entschuldigen.[9] Von Beginn an ist Snapes Liebe zu Lily kompromittiert, weil er in seinem Elternhaus keine Vorbilder hat, die ihm vorleben könnten, wie man eine harmonische Beziehung zu anderen Menschen aufbaut. Er glaubt an die Existenz der Liebe, auch wenn er in einer Familie ohne Liebe lebt. Lily Evans ist ihm der lebende Beweis, dass es sie gibt. Seine Liebe zu ihr ist konstant, auch als er zurückgewiesen wird, auch noch als sie schließlich seinen Rivalen James Potter heiratet. Sie ist so stark, dass er für sie bereit ist, seinen Meister Voldemort zu verraten. Seine Loyalität zu Lily hat absoluten Vorrang. Nur die Gefahr, in der sie schwebt, bringt ihn dazu, sich einem anderen Menschen anzuvertrauen. Er geht zu dem einzigen Zauberer, der mächtig genug ist, um sich Voldemort entgegenzustellen: Dumbledore. Der ist im Gegensatz zu Voldemort ein guter Menschenkenner und macht sich diese Liebe zunutze, um Lilys Sohn zu schützen.

Die Ungerechtigkeit des Lebens ihm gegenüber erreicht ihren Höhepunkt in Harrys sechstem Schuljahr. Es ist allgemein bekannt, dass Snape ein Meister im Brauen von Zaubertränken ist und auch, dass er viele böse Zauber beherrscht. Doch niemand bringt ihn mit Harrys plötzlichem Können im Fach „Zaubertränke"ïn Verbindung, nicht einmal Hermine. Dabei gibt es doch reichlich Hinweise: das Buch des Halbblutprinzen stammt aus Snapes Buchbestand, der Levicorpus-Zauber wurde häufig während Snapes und James Potters Schulzeit benutzt, wie Lupin Harry sagt. Im Denkarium sah Harry, dass sein Vater ihn gegen Snape richtete, und James als Reinblüter konnte ja nicht der Halbblutprinz gewesen sein. Als Harry Draco Malfoy mit dem Fluch Sectumsempra schwer verletzt, wundert es den Jungen nicht, dass der hinzukommende Snape ohne jedes Zö-

---

[9]Bd 7, S. 683-684

gern den Gegenzauber spricht, obwohl er nicht gehört hat, was für ein Fluch ausgesprochen wurde. Auch Snapes darauf folgender Befehl, ihm alle seine Schulbücher zu zeigen und seine besondere Aufmerksamkeit für das Lehrbuch der Zaubertränke lässt keinen Verdacht in ihm aufkommen. Zu groß ist die Diskrepanz zwischen dem Snape, den Harry kennt, und dem Prinzen, von dem er so viel lernt. Unvorstellbar, dass es sich um dieselbe Person handeln könnte. Harry versteigt sich zu der Erklärung, er habe vom Prinzen mehr gelernt, als von Snape in fünf Jahren.[10]

Erst in dieser Situation zeigt Snape Gefühle, die über seine grundsätzliche Abneigung gegen Harry hinausgehen. Eigentlich könnte er stolz sein, wie viel Harry von ihm lernt, nur weiß leider niemand, dass er sozusagen Harrys Privatlehrer im Zaubertankmischen ist. Als Harry versucht, die Flüche des Prinzen gegen Snape anzuwenden, bricht Snapes Wut sich Bahn: „... *du willst meine Erfindungen gegen mich richten, genau wie dein dreckiger Vater, ja?*"[11] Nicht genug, dass Harry Snapes Können nicht würdigt, er nennt ihn auch noch mehrfach einen Feigling,[12] ihn, der gerade eine unglaublich mutige Tat vollbracht hat, indem er den todgeweihten Dumbledore auf dessen Bitte hin getötet hat, wohl wissend, dass er als Mörder angesehen werden wird, dass es keinerlei Gewicht hat, ob er dadurch Draco Malfoys Leben rettet und dass es ein weiterer Schachzug im Kampf gegen Voldemort ist. In den Augen der Öffentlichkeit zeigt der Mord, dass Snape bedingungslos zu Voldemort steht. Kein Mensch kennt die Aufgabe, die Severus Snape hat:

---

[10] „Andererseits hatte er vom Prinzen bislang viel mehr gelernt als von Snape." Bd 6, S. 241

[11] Bd 6, S. 609

[12] Bd 6, S. 609

Harry Potter schützen, obwohl er ihn offiziell verfolgt, um ihn Voldemort zu übergeben.

Seit Voldemorts Wiederkehr arbeitet Snape als Doppelagent. Jede Seite weiß, dass er zum engsten Kreis des Gegners gehört, und beide sind überzeugt von seiner Loyalität. Voldemort ist sich sicher, dass er jeden Menschen durchschauen kann, und dass er ein falsches Spiel sofort erkennen würde. Ebenso überzeugt ist Dumbledore von der Macht der Liebe. Er hat keinen Zweifel daran, dass Snape Voldemorts Sache nicht mehr vertritt, seit Lily getötet wurde, obwohl Voldemort ihm versprochen hatte, sie leben zu lassen. Bis zum Schluss scheint es, Voldemorts Sicht der Dinge sei die richtige.

Der Mord an Snape kommt unerwartet. Seit Dumbledores Tod scheint es ja erwiesen zu sein, wem Snape Gefolgschaft leistet. Harry, und so der Leser, weiß auch, dass Draco Malfoy seinen Lehrer Dumbledore schon entwaffnet hatte, als Snape ihn tötete. Doch niemand hat Voldemort von diesem Detail unterrichtet, das nur deshalb von Bedeutung wird, weil der Elderstab im Kampf erworben werden muss.

Lebt Snape ein erfülltes Leben? Man kann die Frage sicher verneinen. Nach Aussage der Schüler ist es sein größter Wunsch die Verteidigung gegen die dunklen Künste zu unterrichten, nicht weil er sie bekämpfen will, sondern weil er ihnen huldigt. Eigentlich gehen alle davon aus, dass er den Posten deshalb nie bekommt. Doch der wahre Grund ist Voldemorts Fluch, der auf der Stelle liegt. Seit Dumbledore Voldemorts Kandidatur ausgeschlagen hat, kann niemand sie länger als ein Jahr innehaben.[13] Doch dem Direktor liegt daran, Severus Snape als Lehrer an der Schule zu halten. Dass Snape schließlich die ersehnte Stelle erhält, scheint

---

[13]Bd 6, S. 450

ein weiterer Schachzug Dumbledores zu sein. Dieser weiß, dass sich ein tödliches Gift, von seiner verdorrten Hand aus, im Körper ausbreitet. Er sieht voraus, dass Voldemort die Macht übernehmen wird und findet in Horace Slughorn, einen für alle Seiten akzeptablen Nachfolger in Zaubertränke und designiert Snape zu seinen Nachfolger als Direktor der Schule. Denn Voldemort wird selbstverständlich den getreuen Lehrer, der den verhassten Schulleiter getötet hat, mit der Stelle zu belohnen.

Als Direktor von Hogwarts könnte Snape eine gewisse Zufriedenheit ausstrahlen. Doch seine Augen sagen weiterhin etwas anderes. *„… er [Harry] hatte vergessen, dass ihm die fettigen schwarzen Haare wie Vorhänge um das schmale Gesicht fielen, dass seine schwarzen Augen einen toten, kalten Ausdruck hatten."*[14] Augen haben ihre eigene Sprache, Blicke verraten Gefühle wie Überraschung, Angst, Freude. Angst weitet die Augen, Wut lässt sie sich zu Schlitzen verengen. Das kann man nicht willentlich beeinflussen. Wer erfolgreich jedes Gefühl verbergen will, muss verhindern, dass seine Augen ihn verraten. Die einzige Möglichkeit dazu ist es, alle Gefühle zu unterdrücken, sie tief im Innern zu verbergen und nicht an die Oberfläche kommen zu lassen. Snape versteckt daher seine Gefühle, die Liebe ebenso wie den Schmerz um Lilys Tod, ganz tief in seinem Innern. Aber dadurch verliert er ein Stück seines Lebens. Schon in Harrys erster Zaubertrankstunde werden Snapes Augen beschrieben: *„Seine Augen waren so schwarz wie die Hagrids, doch sie hatten nichts von deren Wärme. Sie waren kalt und leer und erinnerten an dunkle Tunnel."*[15] Die Augen spiegeln nur noch die Kälte des inneren Todes wider. Man kann nicht einmal sagen, dass Snape lebt, um Rache zu üben.

---

[14]Bd 7, S. 604-605
[15]Bd 1, S. 151

Seine Liebe war hoffnungslos. Nach Lilys Tod weist Dumbledore ihm seine Lebensaufgabe zu, Lilys kleinen Sohn vor Voldemort zu schützen. Eine bittere Aufgabe, ist das Kind doch auch jenes seines erfolgreichen Rivalen um die Frau.

Wie so viele Menschen, lebt Snape, weil es eben so ist. Er macht es sich zur Aufgabe, jungen Zauberern eine solide Ausbildung in der Kunst des Zaubertrankmischens zu geben, immer in der Hoffnung, irgendwann den Posten als Lehrer der Verteidigung gegen die dunklen Künste zu bekommen, jenes Fach, das er am besten beherrscht. Kennt er doch aus eigener Erfahrung die Anziehungskraft, die sie auf einen Menschen ausüben können, sowie die Fähigkeiten und Künste, die man beherrschen muss, um sie abzuwehren. Als zehn Jahre nach Lilys Tod ihr Sohn Harry nach Hogwarts kommt, wird Voldemort wieder stärker, sodass Snape von nun an mit dazu beitragen muss, den Jungen zu schützen. Eine schwierige Aufgabe, denn Harry hat zwar die Augen seiner Mutter geerbt, und wie Dumbledore meint, auch ihren Charakter, aber als erstes fällt seine Ähnlichkeit mit seinem Vater James ins Auge. Meist kann Snape der Versuchung nicht widerstehen, seine Abneigung gegen den Vater auf den Sohn zu übertragen. In Harrys sechsten Schuljahr haben Snape und Dumbledore eine Unterhaltung darüber. *„'Er ist genau wie sein Vater —' 'Im Aussehen vielleicht, aber in seinem innersten Wesen ähnelt er viel mehr seiner Mutter.' "*[16] Dennoch schützt Snape den Jungen.

Die einzigen Gefühle, die Snape gelegentlich äußert, sind jene des Hasses oder des Abscheus. *„Snape starrte Dumbledore einen Moment lang an, und Abscheu und Hass zeichneten sich auf den harten Zügen seines Gesichts ab."*[17] Hass auf sich selbst, Hass auch auf Dumbledore, der ihm das

---

[16]Bd 7, S. 692
[17]Bd 6, S. 600

Versprechen abgenommen hat, sein designierter Mörder zu sein. Aber eigentlich hat er keine Wahl. Dumbledore hat ihm „nur" das Versprechen abgenommen. Narzissa Malfoy hat ihn durch einen unbrechbaren Schwur zu derselben Tat verpflichtet. Den Schwur zu brechen, hieße sterben.[18] Dumbledores Wunsch ihn zu töten nicht zu folgen, hieße zuzulassen, dass Draco Dumbledore ermordet und so sein eigenes Todesurteil zu sprechen. Snape hat keine Wahl. Er muss den Direktor töten, was seine Gesichtszüge ausdrücken.

In der Szene mit Voldemort in der Heulenden Hütte, wenige Augenblicke vor seiner Ermordung, wird Snapes Gesichtsausdruck erneut beschrieben: *„Snapes Gesicht war wie eine Totenmaske. Es war marmorweiß und so reglos, dass es ein Schock war, als er zu sprechen begann und es sichtbar wurde, dass sich Leben hinter diesen leeren Augen verbarg."*[19] Harry, der Voldemorts Gefühle in sich erlebt, weiß, dass Snape in Todesgefahr schwebt, und fragt sich, ob auch Snape es weiß. Snapes Gesicht macht deutlich, dass sie ihn nicht berührt. Innerlich ist er längst gestorben, nur noch am Leben, weil er, wie Harry, eine Aufgabe zu erfüllen hat. Welche Drohung kann der Tod sein für einen Menschen, der schon alles verloren hat? Was bleibt ihm noch, jetzt, da seine Liebe und sein Mentor tot sind, er den Respekt seiner Kollegen verloren hat und auch den der meisten Schüler, die in ihm nur ein ausführendes Organ Voldemorts sehen und soweit gehen, in sein Büro einzudringen und sogar offen zu rebellieren? Er macht das ganze Jahr dennoch seine Arbeit, ohne dafür die geringste Anerkennung zu erhalten, dass er Hogwarts letzte Bastion gegen die Barbarei der Carrow-Geschwister ist. Auch muss er Dumbledores letzten Willen ausführen, nämlich unauffällig und unerkannt dafür zu sor-

---

[18]Bd 6, S. 328
[19]Bd 7, S. 663

gen, dass Harrys Auftrag ein gutes Ende findet. Noch dazu mit dem schrecklichen Wissen, dass die erfolgreiche Ausführung von Harrys Auftrag mit dessen Todesurteil identisch ist. Doch er steht zu seinem Versprechen und weicht nicht zurück, denn nur zu diesem hohen Preis ist Voldemorts Sturz und endgültiger Tod zu haben. So ist Severus Snape eine tragische Figur im klassischen Sinn des Wortes, wie Schiller es definiert: „*Erstlich muß der Gegenstand unsers Mitleids zu unsrer Gattung im ganzen Sinn dieses Worts gehören und die Handlung, an der wir teilnehmen sollen, eine moralische, d.i. unter dem Gebiet der Freiheit begriffen sein. Zweitens muß uns das Leiden, seine Quellen und seine Grade, in einer Folge verknüpfter Begebenheiten vollständig mitgeteilt und zwar drittens sinnlich vergegenwärtigt, nicht mittelbar durch Beschreibung, sondern unmittelbar durch Handlung dargestellt werden.*"[20] Er hat die Möglichkeit nur an sich selbst zu denken, nach dem Tod seiner Jugendliebe einen Strich unter die Vergangenheit zu ziehen, neu anzufangen und die Augen vor Voldemorts Untaten zu verschließen. Doch er wählt den schwierigeren Weg: Den langjährigen Kampf im Geheimen gegen die Macht des Bösen, auch den gegen seine eigene Abneigung gegen den Jungen, in dem ein Teil Lilys weiterlebt. Er entscheidet sich, für das Wohl der Zauberergemeinschaft zu kämpfen.

Während der ersten vier Bände erscheint Snape dem Leser als ein verkappter Bösewicht. Seine kalten Augen werden dahingehend interpretiert, dass sie seine Gefühlskälte, seine Gnadenlosigkeit spiegeln, obwohl sie in Wahrheit die doppelte Folge seiner Trauer um die verlorene Liebe und deren Verschleierung vor der Welt sind. Die Hauptpersonen interpretieren Snapes Handlungen als im Grunde böse, was

---

[20]Friedrich Schiller: Über die tragische Kunst. IN Vom Pathetischen und Erhabenen. Reclam S. 47-48

nur durch Dumbledores idealisierte Sicht des Mannes abgeschwächt wird. Der Leser folgt blind den Protagonisten. Erste Zweifel kommen auf, als Harry Snapes schlimmste Erinnerung im Denkarium sieht, sowie den traurigen kleinen Jungen der Vergangenheit bei seinem versehentlichen Einbruch in Snapes Kopf. Jetzt hat man zum ersten Mal Mitleid mit dieser unsympathischen Person. Weitere Zweifel werden laut, als Hermine darauf hinweist, dass Snapes Darstellung der dunklen Künste doch sehr jener Harrys ähnelt und am Ende des gleichen Jahres herauskommt, dass der von Harry so verehrte Halbblutprinz und Severus Snape ein und dieselbe Person sind. Jetzt müsste man Snape gute Seiten zugestehen, was allerdings durch den Kontext - er hat soeben Dumbledore getötet - unmöglich gemacht wird. Snape ist nicht der Bösewicht, für den er gehalten wird, obgleich er selbst alles tut, diese Illusion aufrecht zu halten. Obwohl seine Liebe zu Lily sein ganzes Leben beherrscht, versteckt er sie vor den Augen der Welt, weil er weiß, dass Liebe verwundbar macht. Doch für diese heimliche Liebe tut er alles, begibt er sich in Lebensgefahr und trägt entscheidend zu Voldemorts Sturz bei. Erst im Tod wird seine moralische Größe erkennbar. Doch die Ungerechtigkeiten des Lebens bleiben bestehen, denn nach Snapes Tod findet sich kein Porträt von ihm im Büro des Direktors, weil er seinen Posten vorzeitig verlassen hat. Nur Direktoren, die im Amt sterben, kommt diese Ehre zu. Erst nach Snapes Tod, als Harry im Denkarium die Wahrheit über seinen Lehrer sieht und er ihn daraufhin vor dem letzten Kampf gegen Voldemort vor der ganzen Schule rehabilitiert, werden seine Größe und sein immenser Mut gewürdigt.

6. Dumbledore, der weise Zauberer

Albus Dumbledore ist Hogwarts Schulleiter. Die Direktoren der Zaubererschule müssen offenbar nicht mit einem bestimmten Alter in den Ruhestand treten, was insoweit verständlich ist, als der Posten Alter und Weisheit verlangt. Um die Ausbildung junger Zauberer zu koordinieren und von den Lehrern der Zauberkünste respektiert zu werden, muss der Direktor nicht nur Führungsqualitäten haben, er muss auch ein mächtiger Zauberer sein, denn in der Zaubererwelt besteht immer die Gefahr eines Angriffs durch Flüche, obwohl es selbstverständlich Regeln gibt, was, wo und wie gezaubert werden darf. Allerdings reicht es nicht, auf die Einhaltung der Vorschriften zu vertrauen, man muss auch in der Lage sein, Regelverstöße schnell zu erkennen oder besser noch, sie zu verhindern.

Dumbledore steht in einer langen Reihe von Zauberern in Mythen, Märchen und Romanen, angefangen bei Merlin, über den Druiden Miraculix der Asterix-Comics, bis zu seinem berühmtesten modernen literarischen Vorgänger Gandalf aus Tolkiens „Der Herr der Ringe". Gandalf wie Dumbledore sind alt mit langen weißen Haaren und Bärten. Diese Zauberer sind typische Vertreter des weisen Alten der Märchen, den Marie Louise von Franz folgendermaßen beschreibt:

6. Dumbledore, der weise Zauberer

> Im Märchen ist der alte Mann gewöhnlich eine
> gütige Person, die auftaucht, wenn der Held in
> Schwierigkeiten ist und Rat und Hilfe braucht.
> Er symbolisiert konzentrierte geistige Kraft und
> zielgerichtetes Denken; wichtiger noch, er führt
> ein spontan objektives Denken ein [...] Wenn der
> Alte des Märchens nur gut oder nur böse ist,
> stellt er nur die eine Hälfte des archetypischen
> alten Mannes dar, so wie er zum Beispiel im
> doppelten Wesen Merlins erscheint.[1]

Doch während Gandalf unauffällig graue Gewänder und
Zauberhut trägt, ist Dumbledores Kleidung meist leuchtend
bunt und eher exzentrisch. In einem Muggelviertel erscheint
er mit purpurnem, bodenlangem Umhang und Schnallen-
schuhen mit Absätzen.[2] Auch sein Verhalten ist nicht immer so, wie man es von einer so angesehenen Persönlichkeit erwarten würde. Ein Beispiel ist seine Ansprache an
die Schüler vor dem Festmahl in Harrys erstem Schuljahr:
„Schwachkopf! Schwabbelspeck! Krimskrams! Quiek!"[3] Ein
anderes Mal will er einen zweifelhaften Witz erzählen, wo-
von ihn Minerva McGonagall gerade noch abhält.[4] Solche
kleinen Bemerkungen machen ihn menschlich. Harry erscheint er zuerst wie ein alter etwas verrückter Zauberer,
den er wegen seines Wissens und seiner Stellung respektiert.
Ein weiterer Charakterzug des Schulleiters ist seine Arroganz und Überzeugung, intelligenter als andere zu sein, was
manchmal in kleinen Sätzen wie: *„Da ich mit außergewöhn-*

---

[1] zitiert nach der französischen Übersetzung, Marie Louise von Franz:
L'interprétation des contes de fées. (Original The interpretation of
fairy tales) Fontaine de Pierre-Dervy Livres, 3e éd. 1987, p. 178

[2] Bd 1, S. 13

[3] Bd 1, S. 136

[4] Bd 4, S. 196

licher Intelligenz gesegnet bin,'[5] zutage tritt. Den Aspekt des Schrecken einflößenden Magiers kennt man lange nur vom Hörensagen. Wie machtvoll Dumbledore ist, wird erst bei dem Duell zwischen ihm und Voldemort im Zaubereiministerium deutlich. Wie für Harry so nimmt er auch für den Leser nur langsam Konturen an.

Obwohl Albus Dumbledore eine der ersten Personen ist, die in den Büchern vorgestellt werden, tritt er in der Folge nur selten in Erscheinung. Mit Harry spricht er zum ersten Mal vor dem Spiegel Nerhegeb. Hier bekommt der Leser den Eindruck, der Spiegel wäre in dem leeren Raum deponiert worden, nur damit Harry ihn entdecken kann,[6] um gut vorbereitet zu sein, wenn er am Jahresende den Kampf mit seinem Feind aufnehmen muss. Danach erscheint der Direktor erst wieder nach dem Kampf mit Voldemort-Quirrel an Harrys Krankenbett. Hier sieht man ihn als Retter in letzter Not, als Weisen, der mehr Informationen besitzt, als er Anderen weitergibt. Dieser Aspekt eines Mächtigen, der sein Wissen für sich behält, wird besonders deutlich in der Kammer des Schreckens, als er erklärt die Frage sei nicht, wer sie geöffnet habe, sondern wie.

Erst im dritten Band greift Dumbledore direkt in den Lauf der Ereignisse ein. Er stellt sich insgeheim gegen den Zaubereiminister und sorgt dafür, dass Sirius Black vor dem Kuss des Dementors gerettet wird. Ein Jahr später, als Voldemort wieder erscheint, muss er offen Stellung beziehen. Der Kampf gegen diesen mächtigen schwarzen Magier hat Vorrang vor der Loyalität zum Minister. Wie Harry, so hat Dumbledore, sein großes Vorbild, eine eigene Meinung. Wenn er eine Handlung als richtig ansieht, hat diese immer Vorrang vor einer falsch verstandenen Unterstützung

---

[5]Bd 6, S. 361
[6]Bd 1, S. 232-233

der offiziellen Lesart der Ereignisse, auch wenn er deshalb in Ungnade fällt.

Als das Ministerium die Fakten leugnet, wird Albus Dumbledore wieder zum Führer des Ordens des Phönix, der schon vor Voldemorts mysteriösem Verschwinden gegen ihn gekämpft hatte. In dieser Position verpflichtet er die Mitglieder zur Geheimhaltung ihrer Aktionen, auch gegenüber Angehörigen, die nicht im Orden sind. Dies tut er, weil er vermutet, dass zwischen Voldemort und Harry Potter eine geistige Verbindung besteht, seit Harry den ersten Angriff überlebte, und dass sie sich verstärkt haben muss, als Voldemort Blut von Harry nahm, um aufzuerstehen. Davon sagt er jedoch nichts. So bleibt Harry, den seine Ausflüge in Voldemorts Gefühle tief beunruhigen, allein mit seinen Ängsten, was schließlich zu den Ereignissen in der Mysteriumsabteilung führt. Auf die Dauer erkennt Dumbledore, dass sein Hang, Wissen für sich zu behalten, unvorhergesehene Folgen haben kann. Das führt jedoch nicht zu mehr Offenheit. Auch im folgenden Jahr, als er sich angesichts seines baldigen Todes dazu durchringt, Harry über Voldemort zu unterrichten, gibt er nur so wenig Hinweise wie möglich, wodurch er die Ausführung seines Auftrags unnötig erschwert.

Dieser Hang, Informationen zurückzuhalten, wurzelt in seiner Kindheit, aber auch in seinem Misstrauen anderen Menschen gegenüber. Einem Misstrauen, das in Opposition zu seinem Auftreten in der Öffentlichkeit steht, wo er den Anschein erweckt, unverzagt an das Gute in jedem Menschen zu glauben.[7] Da Voldemort Harrys Blut benutzt hat, um wieder zu einem Körper zu kommen, befürchtet Dumb-

---

[7] z.B. Bd 6, S. 363-364 „Hier zeigte sich wieder einmal Dumbledores Neigung, Menschen zu vertrauen, auch wenn es absolut offenkundig war, dass sie es nicht verdienten!"

ledore, dadurch sei die Verbindung zwischen beiden so stark geworden, dass die Gefahr bestehe, Voldemort könne Zugang zu Harrys Geist bekommen. In dem Fall würde Harry unbeabsichtigt zu seinem Spion. So hält er den Jungen auf Distanz. Es ist im Interesse aller, Voldemort im Glauben zu lassen, Harry sei nur ein Schüler wie jeder andere, ohne privilegierte Verbindung zu Dumbledore. Mit Voldemorts Wiedererstarken wird Dumbledores Handeln dringender. Hatte er bisher nur den Verdacht, dass Voldemort mehrere Horkruxe hergestellt hat, so braucht er nun Gewissheit über ihre Anzahl. Die fast tödliche Verletzung bei der Zerstörung des Horkruxes in Gaunts Ring macht es auch dringend, sein Wissen weiterzugeben. Harry und indirekt Ron und Hermine, erhalten den Auftrag, die Horkruxe aufzuspüren und zu zerstören.

Obwohl Dumbledore am Ende des sechsten Bandes stirbt, ist er im siebten und letzten Band gegenwärtiger denn je. Erst jetzt erfahren die Leser Stück für Stück, wer Dumbledore war. Bis zu diesem Zeitpunkt war er ein alter, weiser Zauberer ohne Vergangenheit, als wäre er schon immer alt gewesen und würde auch weiterhin immer da sein. Obwohl er schon in Harrys erstem Jahr auf seine Sterblichkeit hingewiesen hat, scheint er auf ewig im letzten Moment aufzutauchen und alles regeln zu können. Sein Tod ist ein Schock. Er erscheint Harry wie ein Verrat. Erst jetzt wird klar, dass Dumbledore Harry weit mehr Informationen hätte geben können, und dass er sich mit Geheimnissen umgab, wie sein Bruder Aberforth unterstreicht: *„Er hat die Geheimniskrämerei schon als kleines Kind gelernt. Geheimnisse und Lügen, damit sind wir aufgewachsen, und Albus ... der war ein Naturtalent.“*[8] Aberforth selbst ist ein Beispiel für Albus' Talent im Geheimhalten. Niemand, nicht einmal die

---

[8]Bd 7, S. 571

neugierige Journalistin Rita Kimmkorn, fragt sich, was aus dem Jungen Aberforth geworden ist. Nie wird eine Verbindung zwischen dem Wirt des Gasthofes „Eberkopf" und Aberforth Dumbledore hergestellt.

6.1. Ähnlichkeiten zwischen Gandalf und Dumbledore

Wie schon angedeutet, gibt es Parallelen zwischen Gandalf und Albus Dumbledore. Das ist nicht wirklich erstaunlich, da beide dem Archetypus des weisen alten Zauberers angehören. In den Filmadaptionen der Werke ist die äußerliche Ähnlichkeit der beiden sogar stärker als in den Büchern.

Nur in einer Episode gibt es so starke Ähnlichkeiten, dass sie vielen Lesern auffallen. Es handelt sich um die Passage im Herrn der Ringe vor und in Moria und ihre Spiegelung im Halbblutprinzen, als Dumbledore in Voldemorts Höhle eindringen will. In beiden Fällen ist der Zugang zur Höhle durch Wasser versperrt. Zum Eingang von Moria führt zwar ein Weg, doch vor dem Tor ist ein See aufgestaut worden, in dem ein Wächter lauert. Nur weil das Wasser etwas zurückgegangen ist und der Wächter schläft, gelangen die Gefährten zum verschlossenen Tor. Der Zugang zur Höhle ist bei Rowling auf natürliche Weise versperrt. In einer hohen Klippe am Meeresrand gelegen, ist sie nur zu erreichen, wenn man davor appariert und dann bei Ebbe noch ein Stück schwimmt. In beiden Fällen ist der Eingang magisch versiegelt. Bei Tolkien muss man das elbische Wort für Freund aussprechen, damit die Tür sich öffnet. Auch wenn Böses vor und hinter dem Tor lauert, so war der Ort doch einstmals freundlich und hell. Voldemorts Höhle dagegen war nie einladend. An diesem Ort probierte er zum ersten Mal, noch vor seiner Aufnahme in Hogwarts, seine

6.1. Ähnlichkeiten zwischen Gandalf und Dumbledore

magischen Kräfte aus, um zwei anderen Waisen so großen Schrecken einzuflößen, dass sie sich nie wieder davon erholten. Folgerichtig ist auch das Tor mit zerstörerischer Magie verschlossen. Man muss sich selbst verletzen, denn nur das eigene Blut öffnet den Zugang.

Für beide Zauberer bedeutet die Höhle den Tod. Gandalf begegnet dem Balrog, eine Art Feuerdämon, der ihn mit sich in die Tiefe reißt. Erst viel später stellt sich heraus, dass er den Balrog doch besiegte und aus Moria entkam. Dumbledore trinkt die magische Flüssigkeit, mit der Voldemort seinen Horkrux umgeben hat, und nur Dank Harrys Hilfe kann er die Höhle verlassen. Doch er stirbt extrem geschwächt bei seiner Rückkehr nach Hogwarts. Anders als Gandalfs Tod ist seiner endgültig, auch wenn Harry und Ron manchmal wider besseres Wissen hoffen, er wäre noch am Leben.

Voldemorts Höhle ist noch düsterer, verzweifelter als Moria. Sie ist nicht nur kleiner, in ihrem verborgenen See lauern auch Inferie,[9] also tote, willenlose Körper, die jeden, der sie weckt, zu sich in den Tod ziehen. Hoffnung gibt es hier nirgends. Kein Lorien liegt am anderen Ende. Nicht einmal die Entdeckung, dass jemand Dumbledore zuvorgekommen ist, und dass der echte Horkrux schon gestohlen wurde, gibt den kleinsten Lichtblick. Im Herrn der Ringe gibt Gandalf das Ziel zu Beginn des ersten Bandes an: den Schicksalsberg finden und den Ring in sein Feuer werfen, um ihn endgültig zu zerstören, wobei einzig die Hindernisse und Abenteuer auf dem Weg dorthin nicht voraussehbar sind. In der

---

[9]Bd 6, Inferi laut Dumbledore (S. 67-68): „Inferi sind Leichen [...]Tote Körper,die verhext wurden, um Befehle der schwarzen Magier auszuführen." Snape (S. 464): „Er [der Inferius] lebt nicht, sondern wird nur wie eine Marionette eingesetzt, um die Befehle des Zauberers auszuführen. Ein Gespenst [...] ist die Spur, die eine verstorbene Seele auf der Erde hinterlässt."

6. Dumbledore, der weise Zauberer

Harry-Potter-Serie wird während der ersten fünf Bände der Eindruck erweckt, es ginge nur darum, Voldemorts Rückkehr an die Macht und zu verhindern und den Mord an Harry Potter. Erst im sechsten Band erfährt man von den Horkruxen. Aber Dumbledore gibt keine andere Information als jene, dass sie zerstört werden müssen, bevor Voldemort selbst getötet werden kann. Doch die entscheidende Information, des Wie gibt Dumbledore nicht preis. Auf die Dauer muss Harry es sich eingestehen: *„Dumbledore hatte so gut wie nichts hinterlassen."*[10] Dumbledore, der immer an das Gute im Menschen zu glauben schien, ist in diesem Fall extrem misstrauisch, vertraut auf Hermines Intelligenz und Harrys Loyalität aus Angst, die entscheidenden Informationen könnten in falsche Hände geraten und der Plan dadurch endgültig scheitern. An diesem Punkt weicht Dumbledore entscheidend vom archetypischen weisen Zauberer ab. Über sechs Bände wird dem Leser eine Figur gezeigt, die in den meisten Punkten den Erwartungen an die Rolle entspricht. Die Abweichungen scheinen nur dazu da zu sein, der Person mehr Konturen zu geben. Aber im letzten Band wird das Ideal systematisch demontiert. Hinter dem Archetypen erscheint eine komplexe Persönlichkeit mit einer eigenen Vergangenheit, mit Kindheits- und Jugenderfahrungen, die langfristige Auswirkungen auf ihr Handeln haben.

Lange ist Dumbledores Kampf gegen Gellert Grindelwald 1945 die einzige Information zu seiner Vergangenheit. Man interpretiert sie als Beleg für seine große Macht. Seine Ablehnung, Zaubereiminister zu werden, wird als Bestätigung des Stereotyps gelesen. Zieht nicht auch Gandalf die Fäden aus dem Hintergrund? Das erste Anzeichen dafür, dass Albus Dumbledore eine Vergangenheit hat, sind seine fle-

---

[10]Bd 7, S. 322

henden Rufe, während Harry ihm Voldemorts Zaubertrank einflößt. Der Trank scheint, wie die Dementoren, die Macht zu haben, die schrecklichsten Ereignisse eines Lebens noch einmal wachzurufen. Was Dumbledore sieht, erfährt man erst gegen Ende des siebten Bandes, als sein Bruder Aberforth vom frühen Tod ihrer Schwester Ariana erzählt. Nun erst erkennt man, dass es eine Verbindung zwischen Grindelwald und Dumbledores Ablehnung des Ministerpostens gibt.

Der Zauberer Gellert Grindelwald trägt einen ungarischen Vornamen, der dem deutschen Gerhard entspricht. Man kann auch an den, besonders Ende der 1970er Jahre bekannten, Bühnenzauberer Uri Geller denken. Als Nachnamen trägt er den Namen einer kleinen Schweizer Stadt, am Ende eines tiefen Tals gelegen und umgeben von hohen Gipfeln. Der Name klingt düster lässt für deutsche Ohren, an Grind, also Schorf auf der Haut denken. Oder auch an die Grindelows (engl, Grindylow) tückische Wasserwesen, die unbedachte Menschen ins Wasser ziehen und ertränken. Das Jahr des entscheidenden Kampfes zwischen den beiden Zauberern ist identisch mit dem Ende des zweiten Weltkrieges. Bevor Grindelwald und Dumbledore sich jedoch als Feinde gegenüberstehen, sind sie einen Sommer lang, eng befreundet gewesen. Gemeinsam schmiedeten sie Machtpläne und suchten die Heiligtümer des Todes mit dem Ziel, die Herrschaft der Zauberer über die Muggel herbeizuführen. Sie waren bereit, einzelne Menschen für dieses Ziel zu opfern. Erst Arianas Tod, gefolgt von Grindelwalds Flucht und einem Schlag auf die Nase durch Aberforth, bringt den jungen Albus zur Besinnung. Im Angesicht der Zerstörung seiner Familie als Folge seines Machtstrebens, wendet er sich von der Politik ab und dem Lehrerberuf zu. Auf eine andere Weise ist auch dies eine Arbeit zum größeren Wohl der Zauberergemeinschaft. Junge Zauberer auszubilden, heißt Einfluss auf ihre Haltung gegenüber der Zauberei zu nehmen, zu versuchen sie moralische Prinzipien zu lehren. Wie begrenzt der Effekt ist, zeigen Tom Riddle und seine Todesser. Obwohl sie in Hogwarts ausgebildet wurden, wenden sie sich den dunklen Künsten zu. Andererseits ist es das Prinzip der Schule, Platz für jede Begabung zu bieten. Einer der Gründer, Salazar Slytherin, war schliesslich ein schwarzer Magier.

6.2. Die Höhle als Symbol

Sowohl im *Herrn der Ringe* als auch im *Halbblutprinzen* ist die Höhle ein Ort der Prüfung, ein dunkler, lichtloser Ort, in dem unbekannte Gefahren lauern, der aber erfolgreich durchquert werden muss, will der Held seinen Auftrag erfolgreich zu Ende führen. Im Herrn der Ringe haben sich die Gefährten und besonders Frodo bis zum Eintritt in Moria voll und ganz auf Gandalf verlassen. In der Dunkelheit des alten Zwergenreichs bemerkt Frodo jedoch, dass er ein schärferes Gehör und ein größeres Gespür für Gefahren entwickelt hat. Einmal der Höhle entkommen, muss er seine Entscheidungen allein treffen.

Im *Halbblutprinzen* ist die Höhle der symbolische Übergang Harrys von der Kindheit zum Erwachsensein. Bisher handelte er meist impulsiv, übernahm zwar Verantwortung, war sich aber auch bewusst, dass seine Ausbildung unvollkommen war. In der Höhle ist zwar Dumbledore der Verantwortliche, aber fast unmerklich ändert sich das Kräfteverhältnis. Harry flößt dem widerstrebendem Zauberer, konsequent, wie ihm befohlen wurde, den grausamen Trank ein. Er handelt für das „größere Wohl", das heisst nicht darauf bedacht, kurzfristig Schmerz zu vermeiden, sondern bereit, ihn in Kauf zu nehmen, wenn dies für ein höheres Ziel unumgänglich ist. Dumbledores Qualen müssen erlitten werden, denn sie sind die einzige Möglichkeit, an den Horkrux zu gelangen. Eine Aufgabe, die absoluten Vorrang vor jedem persönlichen Wunsch hat. Der geschwächte Dumbledore rettet Harry noch vor den Inferi, aber danach muss Harry die Führung übernehmen, damit sie beide die Höhle wieder verlassen können. So wie ein geschwächter Gandalf den Balrog auf der Brücke bekämpft, um den Gefährten die Flucht zu erlauben, so fliegt ein sehr schwacher Dumbledore mit Harry auf das Gelände Hogwarts, denn nur er kennt die Schutzzauber, die um die Schule errichtet wurden, und kann sie neutralisieren. So symbolisiert die Höhle für den alten Zauberer das Ende. Für den jungen Harry ist sie die letzte Etappe zum erwachsen werden. Er hat Mut und Stärke bewiesen, aber auch weise Voraussicht, als er den Freunden befahl, während seiner und Dumbledores Abwesenheit den Raum der Wünsche zu überwachen und ihnen vorsorglich selbstlos den schützenden Zaubertrank *Felix felices* zu überlassen.

6.3. Für das größere Wohl

Als bekannt wird, dass Dumbledore schon immer wußte, dass der endgültige Sieg über Voldemort nur möglich ist, wenn Harry Potter stirbt, entsteht der Eindruck, er wäre ein herzloser Mann, der sich verstellt, doch in Wahrheit nicht im Mindesten an seinem Schützling interessiert ist. Der ihn nur solange am Leben erhält, bis die Zeit zum endgültigen Schlag gegen Voldemort reif ist.

Solange Dumbledore lebt, scheint er ein Beschützer Harrys zu sein, besorgt um sein Überleben. Auch die Weissagung ändert daran wenig. Obwohl sie besagt, dass keiner überleben kann, solange der andere lebt, geht Harry davon aus, dass er Voldemort töten muss, will er nicht von ihm ermordet werden. Dumbledore widerspricht nicht, obwohl er weiss, dass die Interpretation nicht richtig sein kann. Aber steckt darin böse Absicht? Handelt er wirklich nur im Hinblick auf das endgültige Ziel, nämlich Voldemorts Tod? Liegt darin nicht auch ein Zeichen der Menschlichkeit? Mit dem Wissen aus dem Kapitel *„Die Geschichte des Prinzen"* im siebten Band entsteht der Eindruck, Dumbledore habe es einzig auf den Tod des Helden abgesehen. Dumbledore, der weiß, wie Harrys Leben wahrscheinlich enden wird, entschuldigt sich bei dem Jungen, nicht schon im ersten Jahr von der Prophezeiung erzählt zu haben, mit den Worten *„Fehler eines alten Mannes."*[11] In jenem Moment sieht es wie eine Dummheit aus, dem Jungen nicht früher von ihr erzählt zu haben, weil er zu jung für die Wahrheit war. Sicher, das Wissen hätte die Ereignisse im Zaubereiministerium verhindert. Doch um welchen Preis? Es war schon schwer genug für Harry, seit seinem Eintritt in die Schule von Voldemort verfolgt zu werden. Mit elf Jahren zu erfahren, dass man zum Mörder werden muss, will man nicht Opfer werden, wäre eine sehr große Last gewesen, ohne dass der Junge dadurch den geringsten Vorteil gehabt hätte. Mit fünfzehn hat er nun eine gewisse Erfahrung in der Zauberei und auch den Wert von Freundschaft kennengelernt. So hat er die Möglichkeit, wie Dumbledore vor ihm, sein Wissen für sich zu behalten. Aber als er in den nächsten Sommerferien zu den Weasleys kommt, erzählt er es Ron und Hermine und bemerkt, dass es ihm gut tut, darüber zu sprechen und dass die Freunde ihn weiterhin unterstützen, ihm sogar Mut zusprechen. [12]

---

[11]Bd 5, S. 969
[12]Bd 6, S. 102-103

Die Weissagung nicht sofort weiterzugeben, war keine Narrheit, sondern ein Zeichen der Liebe. Zugrunde lag der Wunsch, dem Jungen, soweit das bei seiner Vergangenheit möglich war, eine sorgenfreie Jugend zu bieten. Auch Snape erzählt er von dem Horkrux in Harry erst kurz vor seinem Tod verbunden mit dem Befehl, Harry die Information ebenfalls erst im letzten Moment weiterzugeben, nämlich dann, wenn Voldemort weiß, dass nur noch der Horkrux in der Schlange lebt. Objektiv gesehen müssen alle Horkruxe, einschließlich Harry, beseitigt werden, bevor Voldemort selbst sterben kann. Doch neben den großen Zielen ist Dumbledore auch ein Mann mit Herz. Obwohl er lieben kann, wie seine geheime Trauer um Mutter und Schwester beweisen und auch seine Fürsorge für Harry zeigt, so ist er doch auch, wie Voldemort, überzeugt, dass man der Liebe misstrauen muss, weil sie sich nur störend auf die Ausführung der höheren Ziele auswirkt. Dabei wird das höhere Wohl gesehen als eine Wohltat für eine große Zahl von Menschen. Die Liebe zu einer einzelnen Person steht dem nur im Weg. Auch wenn Dumbledore Harry immer wieder sagt, wie wichtig die Liebe sei, so betrachtet er sie doch mit fast genauso viel Misstrauen wie Voldemort.

Dies erklärt sich zum Teil aus Albus Dumbledores Lebensgeschichte. Dumbledore, im Gegensatz zu Voldemort, ist immer offen für neue Erfahrungen. Er ist neugierig und liest sogar die Muggelpresse, weil er weiß, dass bestimmte Ereignisse in deren Welt in Beziehung zur Welt der Zauberer stehen und also von Bedeutung sein können. So etwa im Fall des Verschwindens des alten Muggels, der Gärtner auf dem ehemaligen Besitz der Riddles war. Doch da Dumbledore sich in andere Menschen hineinversetzen kann, erkennt er auch, dass Voldemort, der Liebe für Schwäche hält, diese Schwäche zu seinem Vorteil ausnutzt. Das ist der Fall, wenn er eine Person bedroht oder tötet, um deren Angehörige zu unterwerfen. Wüsste er, dass Harry ein Horkrux ist, würde er davon ausgehen, dass diejenigen, die ihn lieben, seinen Tod verhindern würden. Dadurch dass sie Harrys Leben bewahren, garantieren sie auch Voldemorts Überleben. Die schwer zu akzeptierende Realität ist, dass Harrys Tod in Kauf genommen werden muss, will man viele Menschenleben schützen.

Die Funktionsweise des Zaubers, mit dem Lily Potter ihren Sohn vor Voldemort schützt, ist Dumbledore geläufig, und er garantiert die Fortdauer des Zaubers durch die Unterbringung des Jungen bei Lilys Schwester Petunia. Doch in seinem eigenen Leben lässt er der Liebe keinen Raum. Als Jugendlicher war er einzig an seinen Studien interessiert. Solange er in Ruhe lernen konnte, kümmerte er sich nicht weiter um das, was Mutter und Geschwister taten. Er nahm ihre Anwesenheit als gegeben hin und profitierte von einem geregelten Leben. Da Mutter und Bruder sich um die gestörte Schwester kümmerten, war er es zufrieden.

Verantwortung übernahm er für die Schwester nicht. Doch nach Kendras Tod hält er es für seine Pflicht, sich als Ältester der Geschwister, um Aberforth und Ariana zu kümmern. Nicht aus Liebe sondern aus Pflichtgefühl, hervorgegangen aus theoretischen Überlegungen und wohl auch aus einem Gefühl für Konventionen heraus. Um für eine kranke Schwester zu sorgen, ist das nicht ausreichend. Beim Auftauchen Gellert Grindelwalds vergisst er dann auch seine Pflichten. Hier trifft er zum ersten Mal im Leben auf einen ebenbürtigen Geist. Diese Freundschaft bedeutet ihm mehr als jede Familienpflicht. Der Konflikt zwischen Freundschaft und Pflicht führt zur Katastrophe. Dadurch dass er sein eigenes Machtstreben und das seines neuen Freundes zur Priorität macht, vernachlässigt er seine Pflichten als Familienoberhaupt. Die Schwester stirbt, und der Bruder will nichts mehr mit ihm zu tun haben. Zu jener Zeit gehen die beiden jungen Zauberer Dumbledore und Grindelwald davon aus, dass ihr eigenes Machtstreben das Wohlergehen der ganzen Zauberergemeinschaft zum Ziel hat. Für schwächere Familienmitglieder ist kein Platz.

In Albus' Augen hat Liebe nur dramatische Folgen. Sein Vater bestrafte die Muggeljungen, die seine kleine Tochter gequält haben. Seine Liebe bringt ihn ins Zauberergefängnis Askaban. Er hat zwar Rache genommen, doch um einen hohen Preis. Frau und Kinder müssen ohne ihn weiterleben. Eine böse Tat mit Gleichem zu vergelten, hat nur weiteres Leid zur Folge. Als der junge Dumbledore nur noch an seiner neuen Freundschaft mit Grindelwald Interesse hat, folgt daraus nicht nur der endgültige Verlust seiner Familie, auch die neue Freundschaft überlebt den Konflikt mit der Familienliebe nicht.

Die kleine Ariana Dumbledore hatte beschlossen, nicht mehr zu zaubern. Doch wie der Leser am Beispiel Harrys gesehen hat, ist Magie nicht kontrollierbar, wenn man zornig oder voller Angst ist. So tötet Ariana ihre Mutter während eines Wutanfalls. Als Aberforth seinen Bruder auf seine Pflichtverletzungen hinweist, führt das zu einem Streit zwischen den jungen Leuten, in dem Albus alles verliert, Familie und Freund. Nun hätte er Grindelwald alle Schuld zuschieben können. Schließlich war der schon wegen ähnlicher Vorkommnisse bestraft worden. Er zeigt Größe, als er sich selbst als Hauptverantwortlichen erkennt und daraus Schlüsse für sein ganzes weiteres Leben zieht. Zu diesen Entscheidungen gehört jene, von nun an die Liebe auf Distanz zu halten, da sie nur zu persönlichem Leiden führt.

Zu sehr liebender Vater für Harry zu sein, macht die Entscheidungen, die getroffen werden müssen, um Voldemort zu vernichten, schwerer. Denn je näher er Harry steht, desto schwieriger wird der Entschluss, den Jungen in den Tod gehen zu lassen. Schließlich gewinnt das Pflichtgefühl die Oberhand. Das Leid, das damit für ihn verbunden ist, versteckt er unter Sarkasmus. *„Seien Sie nicht schockiert, Severus. Wie viele Männer und Frauen haben Sie sterben sehen?"*[13] Er hebt Snapes Reaktion hervor, sagt nichts über seine eigenen Gefühle angesichts dieser schweren Entscheidung. Doch Snape zu informieren, offen über die schreckliche unlösliche Verbindung zwischen Harry und Voldemort zu sprechen, fällt ihm schwer. So schwer, dass er seinen Gesprächspartner nicht anschaut, sondern die Augen geschlossen hält. Als wäre es einfacher, der Wahrheit, wie es so schön heißt, ins Auge zu blicken, indem man diese gerade nicht öffnet. Sein Gegenüber nicht anzuschauen, hat den Vorteil, von seinem Minenspiel nicht beeinflusst zu werden. Die Gefahr, im letzten Moment nicht mehr den Mut zur Wahrheit zu haben, weil sich das eigene Grauen in den Augen des Gegenübers spiegelt, wird ausgeschaltet. Der eigene Schmerz muss vor dem Wohl aller zurückstehen. Die Entscheidung erscheint grausam. Der Leser ist genauso entsetzt wie Snape, fühlt sich von der Autorin verraten. Wie kann sie es wagen, den Helden, der den Lesern über tausende Seiten ans Herz gewachsen ist, in den Tod zu schicken? Doch Snape macht sich Dumbledores Sicht zu eigen, was sich daran zeigt, dass er bei seinem Tod sein Wissen an Harry weitergibt. Als Harry Snapes Erinnerung sieht, ist sein Entschluss im Grunde schon gefasst und auch der Leser sieht angesichts der Zerstörung so vieler Leben während des Kampfs um Hogwarts keine andere Lösung. Dumbledore hat die Probleme klar erkannt und auch, wenn einige seiner Entscheidungen diskutabel sind, so sind seine gene-

---

[13]Bd 7, S. 695

rellen Schlussfolgerungen doch richtig. Hier am Ende des Romans wird deutlich, dass Dumbledore nicht nur ein liebenswürdiger weiser Zauberer ist, sondern auch ein schrecklicher. Ganz im Sinn des Archetypus des alten Mannes, der helle und dunkle Aspekte in sich trägt. Anders als Gandalf, der Frodo und Sam doch noch vor dem sicheren Tod rettet, rettet Dumbledore seinen Helden nicht. Wenn Harry schließlich doch nicht stirbt, so nicht, weil er unerwartete Hilfe bekommt, sondern weil er seinen Tod als unausweichlich akzeptiert und nicht gegen Voldemort kämpft, wodurch er sein Selbst magisch schützt und den Horkrux in sich dem Tod überlässt.

Dumbledore, der über sechs Bände nur als Archetypus des weisen alten Mannes erscheint, zeigt im letzten Band nicht nur die dunkle Seite des weisen Magiers, er verliert auch das Stereotypenhafte. Er wird zu einer differenzierten Figur mit einer eigenen Geschichte, sodass seine Entscheidungen nicht mehr aus seiner Rolle gerechtfertigt werden, sondern durch seine Lebensgeschichte.

7. Voldemort

Voldemort ist der Inbegriff des Bösen. Dieser mächtigste schwarze Magier seit Jahrhunderten scheint keine Vergangenheit zu haben, als wäre er aus dem Nichts entstanden und unbesiegbar. Wie es bei den anderen Personen der Romane der Fall ist, hat Tom Riddle-Voldemort sprechende Namen.

7.1. Warum man Voldemorts Namen nicht aussprechen darf

Voldemort wird als Tom Vorlost Riddle geboren. Riddle ist das englische Wort für Rätsel. Sein Name im englischen Original ist Tom Marvolo[1] Riddle. Das Anagramm ergibt *„I am Lord Voldemort"*[2] (ich bin Lord Voldemort). Der zweite Vorname ist im Deutschen geschickt geändert worden, um ebenfalls ein korrektes Anagramm zu ergeben (ist Lord Voldemort). Rowlings hat vielen Personen seltene Namen gegeben, Marvolo ist einer davon. In Shakespeares *„Was ihr wollt"* gibt es einen Malvolio. Eine Suche mit Google nennt Laura Suet Marvolo und Lindseyash Marvolo. Der Name

---

[1]Marvolo = Marvel, Marvella vom frz miracle / Wunder http://babynames.net plus dem Lateinischen volo (wollen)

[2]Vol 2, p. 231 'Voldemort,' said Riddle softly, 'is my past, present and future, Harry Potter ...' [...] TOM MARVOLO RIDDLE ... the letters of his name rearranged themselves: I AM LORD VOLDEMORT - Deutsch Bd 2, S. 323

wurde also nicht, wie man glauben könnte, frei erfunden, sondern geschickt verwendet.

Tom Riddle hasst seinen gewöhnlichen Muggelnamen. Er will sich aus der Masse hervorheben, jemand Besonderes sein. Erst recht für den Erben Slytherins ist ein banaler Name unpassend. So gibt sich der junge Tom Riddle einen neuen: Voldemort. Was zuerst ein Name zum Gebrauch unter Freunden ist, wird, nachdem er Hogwarts verlassen hat, seine neue Identität. Der ursprüngliche Name wird vergessen und nur sehr wenige Zauberer kennen die Verbindung zwischen dem Schulsprecher Tom Riddle und dem schrecklichen Magier Voldemort. Dieser neue Name illustriert sein Verhältnis zum Tod. Voldemort, Französisch „vol de mort", kann man verschieden übersetzen. „Mort" bedeutet Tod, während „vol" sowohl mit „fliegen"äls auch mit „Diebstahl"übersetzt werden kann. So schlagen einige Autoren die Übersetzung „Schwingen des Todes"[3] vor. Diese Lesart passt zu Voldemorts Entwicklung. Schließlich kann er zum Schluss tatsächlich ohne Besen durch die Lüfte fliegen.[4] Ich schlage eine zweite Lesart vor: „Dieb des Todes", im Sinne von jemandem, der den Tod um das Leben eines Menschen bestiehlt. Wie das *„Märchen von den drei Brüdern"* zeigt, holt der Tod am Ende jeden Menschen. Voldemort glaubt einen Weg gefunden zu haben, seinen eigenen Tod zu vermeiden, bildlich gesprochen, den Tod um sein Gut zu bringen. Der Amerikaner David Colbert übersetzt Voldemort mit *„fly from death"*.[5] Wie das französische Wort vol hat das englische fly mehrere Bedeutungen : flie-

---

[3]Kerstin Schmidt (nach Confere) in: Literaturwissenschaftliche und didaktische Aspekte phantastischer Literatur am Beispiel: "Harry Potter und der Stein der Weisen". S. 59 (Examensarbeit). 1. Aufl. Books on Demand, 2007 ISBN 978-3-638-87739-3

[4]Bd 7 S. 67

[5]Colbert p. 249

gen und fliehen, flüchten. Voldemort wäre also nicht nur derjenige, der auf den Schwingen des Todes fliegt, sondern auch jemand, der den Tod flieht, weil er ihn fürchtet. Diese englische Lesart ist besonders überzeugend. Zum einen, weil das Original auf Englisch geschrieben wurde, zum anderen, weil es Voldemorts Haltung besonders gut beschreibt, tut er doch alles, um ewig zu leben, weil er Angst vor dem Tod hat.

Seit Jahrtausenden wird eine magische Verbindung zwischen dem wahren Namen und der Essenz einer Person gesehen. Wer den wirklichen Namen eines Dämons oder Gottes kennt, erlangt Macht über ihn, wenn er ihn auf die richtige Weise ausspricht. Dies gilt, in Analogie, auch für Menschen. In vielen Völkern erhält ein junger Mann einen Kriegsnamen und legt den Kindheitsnamen ab. Zusätzlich zu diesem täglich benutzten Namen gibt es noch den geheimen, wahren Namen, den nur Wenige kennen, denn die Kenntnis, mehr noch das Aussprechen dieses Namens, würde den Feinden Macht über seinen Träger geben. Diese Regel gilt auch in Rowlings magischer Welt.

In der Muggelwelt kennt man Voldemorts Namen und seine schrecklichen Taten nicht, sodass Voldemort nur ein leeres Wort ist, unter dem man sich nichts vorstellen kann. So wie man ein Wort in einer unbekannten Sprache nicht verstehen kann, weil man nicht weiß, wofür es steht. Nach Harry Potters erster Begegnung mit Voldemort versteht er die Angst der anderen Zauberer vor ihm. Voldemorts Schreckensherrschaft war derart, dass er einem Dämonen gleichkam. Das Aussprechen seines Namens kann in der Vorstellung der meisten Zauberer dazu führen, dass er erscheint, was, da er mächtigere Zauber beherrscht als sie, tödlich sein könnte. So sagen alle „Jener-dessen-Name-nicht-genanntwerden-darf" oder „Du-weißt-scho--wer", auch als er schon seit Jahren spurlos verschwunden ist. Doch ein Ding nicht beim Namen zu nennen, gibt ihm etwas Geheimnisvolles, als wäre mehr in ihm als der Name sagt. Dumbledore formuliert es so: *„Nenn die Dinge immer beim richtigen Namen. Die Angst vor einem Namen steigert nur die Angst vor der Sache selbst."*[6] Lange Zeit handelt es sich bei dieser Angst vor dem Namen wirklich nur um eine abergläubische Haltung. Doch nach Dumbledores Tod, als Harry Voldemort noch einmal entkommt, belegt letzterer seinen Namen tatsächlich mit einem Fluch, der jeden, der ihn ausspricht, aufspürt. Dass Voldemort dies erst nach Dumbledores Tod tut, beweist, dass er zwar der größte schwarze Magier ist, doch dass er weiß, auch wenn er es nicht zugibt, dass Dumbledore mächtiger war. Hinzu kommt, dass seine Rückkehr nicht ganz so gut verlaufen ist, wie geplant. Der Phönixorden bekämpft ihn weiterhin. Dumbledore und Harry Potter sind nicht mehr die einzigen, die es wagen, seinen Namen auszusprechen. Respektlosigkeit könnte seine Stellung schwächen. Ron spricht es aus: *„Sag den Namen nicht! [...] es kommt mir wie ein - ein Fluch vor oder so. Können wir ihn nicht Du-weißt-schon-wer nennen - bitte?"* Und auf Harrys Protest hin, fügt er hinzu *„Zeig - zeig Du-weißt-schon-wem einfach ein wenig Respekt, ja?"*[7] Wenn das Aussprechen von Voldemorts Namen, mit dem der Sprecher seine Opposition und Furchtlosigkeit unter Beweis stellt, sofort zur Folge hat, dass man von Voldemorts Anhängern aufgegriffen wird, so muss man zwangsläufig davon ablassen. Respekt vor der Macht des Gegners ist hier nicht nur symbolisch eine Bedingung, ihn erfolgreich bekämpfen zu können, sondern einfach Voraussetzung, weiterhin kämpfen zu können. So ist Kings-

---

[6] Bd 1, S. 323
[7] Bd 7, S. 281

ley, ein Mininsteriumsmitarbeiter, gezwungen unterzutauchen, nachdem er den Namen ausgesprochen hat.[8]

Schon der Klang des Wortes Voldemort ist bedrohlich. Genauso wie im Herrn der Ringe der Name für den Ort des Bösen: Mordor, der wohl in Anlehnung an das altenglische morpor (Mord)[9] gebildet wurde. In beiden Fällen ein dunkles doppeltes "o", beide Male mort(d), Französisch für Tod, im Namen. Das französische 'mort' leitet sich vom lateinischen mortuus, dem Partizip von mori sterben ab[10] so wie das Deutsche Mord. Es ist ein Name, ausgewählt in der Absicht, Schrecken zu verbreiten. In beiden Werken zögern die Protagonisten, ihn auszusprechen. Doch anders als bei Tolkien, wo Mordor der Ort des Bösen an sich ist und nur ein schwaches Bild des noch schrecklicheren Utumno oder Udun, von dem im *„Silmarillion"* erzählt wird, so ist Voldemort durch und durch menschlich. Hinter seinem Namen verborgen existiert weiterhin Tom Riddle. Vielleicht hatte er geglaubt, der alte Name sei mit Dumbledores Tod auf ewig verschwunden. Doch Harry, Ron und Hermine kennen ihn, ebenso wie Slughorn, der sich jedoch hütet, es zuzugeben. Man kann ohne zu zögern davon ausgehen, dass der wirklich verbotene, weil wahre, Name Voldemorts sein Geburtsname Tom Riddle ist. Die Kenntnis dieses Namens wirft ihn auf seine sterbliche Kondition zurück. Er nimmt ihm alles Geheimnisvolle, lässt ihn wieder menschlich werden. Und nachdem alle Horkruxe vernichtet sind, bleibt nur noch der Mensch hinter Voldemort: Tom Riddle, der wie jeder Mensch sterben muss. Harry macht das deutlich, indem

---

[8]Bd 7, S. 398

[9]siehe Dave Wilton: Old English in LoTR `http://www.wordorigins.org/index.php/more/880/` (konsultiert 29.01.2013)

[10]J. Dubois, H. Mitterand, A. Dauzat: Dictionnaire d'Etymologie. Larousse, 2001

er Voldemort vor dem letzten Duell wieder als Riddle anspricht. [11]

7.2. Voldemorts Leben

Im ersten Band erfährt man nichts über Voldemorts Geschichte, abgesehen von seinem Verschwinden nach dem Mordversuch an Harry.

Am Ende der *Kammer des Schreckens* öffnet sich ein Fenster zu Voldemorts Vergangenheit in Gestalt des Tom Riddle *„Voldemort ist meine Vergangenheit, Gegenwart und Zukunft"*. Er ist nicht mehr nur ein tödlicher grüner Lichtblitz, eine schlangengleiche Fratze in Quirrels Kopf. Im Gegenteil: er ist ein hübscher, wohlerzogener Schüler, brillanter Zauberer und Schulsprecher, dem alle Lehrer eine große Karriere voraussagen. Seine Zukunft ist tatsächlich bemerkenswert, wenn auch nicht in der Zaubererverwaltung, wie es erwartet wurde. Vielmehr ist sein Ziel die absolute Herrschaft durch Tyrannei.

Über die Jahre erhellt sich Tom Riddles Vergangenheit Stück für Stück. Er wird in einem Waisenhaus geboren, in dem seine Mutter Zuflucht gesucht hatte. Kurz nach der Geburt des Kindes stirbt sie. Da niemand dort weiß, ob er noch irgendwo Verwandte hat, verbringt er die ganze Kindheit dort. Erst seine Aufnahme in Hogwarts ermöglicht es Tom, das Waisenhaus zu verlassen. Von dem Zeitpunkt an, bis zu seiner Volljährigkeit, kommt er nur noch einmal im Jahr, in den Sommerferien, dorthin zurück. Alles was er in seiner Kindheit besaß, hatte Platz in einem Schrank. Freunde hatte er nicht. Die anderen Waisen fürchteten ihn, weil er ihnen offenbar auch in seiner Abwesenheit Schaden zufügen

---

[11]Bd 7, S. 747 „Du lernst nicht aus deinen Fehlern, Riddle, oder"

konnte. Er hatte Macht über Objekte und Menschen, was er ausschließlich dazu nutzte, andere zu verletzen. So hatte er zwar eine gewisse Machtposition, doch um den Preis völliger Isolierung, verbunden mit dem Stigma der Geisteskrankheit.

Der erste Lichtblick in seinem Leben erscheint in der Person Dumbledores, der ihm mitteilt, er sei ein Zauberer und keinesfalls verrückt. Tom Riddles Aufnahme in Hogwarts ist jedoch mit Bedingungen an sein Betragen verbunden, insbesondere dem Verbot, die Mitschüler zu bestehlen oder außerhalb der Schule zu zaubern.

In Hogwarts wird Tom schnell ein angesehener Schüler, da er außergewöhnlich begabt ist. Hier hat er endlich Freunde, die ihn bewundern und ihm nacheifern. Doch es steht ihm keiner wirklich nahe. Er hält alle auf Distanz, vertraut sich Niemandem an. Seine Verbindung zu Freunden und Anhängern beruht auf seinem Können als Zauberer. Es ist keine Beziehung zwischen Ebenbürtigen, sondern eine vom Herrscher zu Untergebenen. Denn Riddle vertraut grundsätzlich keinem Menschen, seine größte Angst ist es, sich eine emotionale Blöße zu geben, Gefühle zu zeigen, wodurch er verwundbar und angreifbar würde.

Herauszufinden, dass er ein direkter Nachfahre Salazar Slytherins ist, wird eine große Genugtuung für ihn gewesen sein, gefolgt von der Enttäuschung über den elenden Onkel Morfin Gaunt, in dem nicht der kleinste Schatten alter Größe übrig ist. Einzig die Fähigkeit mit Schlangen zu sprechen, hat der Zeit widerstanden. Einziges Erbstück ist der Ring der Peverells. Nichts in der Familiengeschichte ist hilfreich, um an das Gute im Menschen zu glauben.

Sein Vater verließ seine schwangere Frau, als er herausfand, dass sie eine Hexe war. Diese hat daraufhin offenbar aufgehört zu zaubern, und ohne Lebenswillen starb sie bei der Geburt des Kindes. Sein Onkel Morfin ist geistesgestört. Wahrscheinlich sah Merope überhaupt keinen anderen Ausweg als den Tod. Schließlich wuchs sie ohne Mutter in einer heruntergekommenen Hütte auf, ohne Erziehung, mit einem Vater, der ihre Zauberkünste derart gering achtete, dass er sie als Squib beschimpfte, und einem Bruder, der Schlangen tötete und an die Haustür nagelte. Die beiden Männer scheinen es als Zeichen ihres großen Adels angesehen zu haben, die Schlangensprache Parsel zu sprechen und in ununterbrochener Linie von Zauberern abzustammen, was für sie mehr wog als ihre armseligen Lebensumstände.

Merope träumte davon, ihr elendes Leben zu verlassen. Der hübsche Tom Riddle erschien ihr wie der Prinz aus dem Märchen. Sie hoffte, in ihm einen Menschen gefunden zu haben, der sie um ihrer selbst willen liebte. Doch ohne die Verwirrung der Sinne, die der Liebestrank auslöst, ist Merope nichts für ihn. Man kann vermuten, dass für ihn das Wesentliche die Form war. Was für ihn zählte, war äußere Schönheit und Herkunft. Aber Merope war nicht hübsch, und was bedeutete einem Muggel schon reines Zaubererblut, hatte er doch gesehen, in was für einer armseligen Umgebung sie ihr ganzes Leben verbracht hatte. Unter der ständigen Kontrolle von Vater und Bruder scheint sie auch keine Freunde gehabt zu haben. Wohin hätte sie gehen können, schwanger von einem Muggel? Nicht nach Hause. Wahrscheinlich hätte man sie und das Kind dort umgebracht. So war das Waisenhaus der einzige Ausweg.

Wenn man sieht, was aus der einstigen Größe Slytherins im Laufe der Jahrhunderte geworden ist, so muss man zu dem Schluss kommen, dass es mehr braucht als „reines" Blut, um ein großer Zauberer zu werden.

Voldemorts ganzes Leben scheint der Beweis der These, dass man keinem Menschen trauen darf und sein Leben selber in die Hand nehmen muss, um zu Ansehen und Macht zu kommen. Im Gegensatz zu Harry kann er seinen Geist vollkommen verschließen, und er ist ein erfahrener Manipulator. Er will den Bedingungen des Menschseins entrinnen, nur aus sich selbst heraus existieren.

Niemand darf seine Herkunft kennen, weder dass er in einem Waisenhaus aufgewachsen ist, noch dass sein Vater ein Muggel war. Von den heruntergekommenen Reinblütern der Familie Gaunt erzählt er keinem Menschen. In den Vordergrund stellt er seinen Ahnen Salazar Slytherin, einen der Gründer Hogwarts. So kann er glauben machen, ein Zauberer bester Herkunft zu sein.

Riddle ist verletzlich und hat Angst vor dem Tod. Als Voldemort setzt er sich als Sieger über den Tod in Szene. Aus seiner Sicht geht alle Gefahr von seinen Mitmenschen aus. Wenn er sich eine Blöße gibt, Schwächen zeigt, so fürchtet er, werden es die Anderen gegen ihn ausnutzen. Genauso wie er sein Wissen über sie dazu benutzt, sie zu demütigen und zu beherrschen. Die Manipulation hat er mithilfe der Legilimentik perfektioniert. Legilimentik ist die Kunst, in den Gedanken des Gegenübers zu lesen, dort jede Lüge aufzudecken. Auch jeder Gedanke an einen persönlichen Vorteil wird als Verrat an Voldemort bestraft. Von seinen Anhängern verlangt er bedingungslose Unterwerfung. Wenn er sie braucht, haben sie umgehend zu erscheinen, Nichtkommen kann mit dem Tod bestraft werden.

Da Tom Riddles Kindheit vom Tod der Mutter überschattet war, den er als Verrat empfindet, erklärt er den Tod zu seinem Feind. Die Vorstellung, dass auch er sterblich ist, ist für ihn unannehmbar. Daher will er den Tod besiegen. Der Wunsch, den Tod zu überwinden und unsterblich zu werden, ist verbreitet, wie das Kapitel Auf der Suche nach dem ewigen Leben darlegt. Ungewöhnlich ist in

Riddles Fall die Vorgehensweise. Er bedient sich der Energie, die in den Gefühlen liegt, die ein Mord im Mörder auslöst, um sein eigenes Leben zu schützen. Er schließt diese Energie in ein Objekt ein. Nicht irgendein Objekt, vielmehr eines, das ebenfalls einen großen symbolischen Wert für ihn besitzt. Das Tagebuch enthält den Beweis, dass er Slytherins Erbe ist. Medaillon und Ring sind Erbstücke der Familie Slytherin/Peverell. Hufflepuffs Becher und Ravenclaws Diadem sind mit den anderen Gründern Hogwarts verbunden, gehören zu seiner geistigen Familie. Indem Riddle, Erbe Salazar Slytherins, den symbolträchtigen Objekten einen Teil seiner Seele einsetzt, nimmt er sie symbolisch vollständig in Besitz. So stellt er sich über sie, macht Slytherin zum mächtigsten Haus. Das gibt ihm das Recht die anderen Häuser aufzulösen. *„Es wird an der Schule von Hogwarts keine Auswahl mehr geben"*, sagte Voldemort. *„Es wird keine Häuser mehr geben. Das Wappen, der Schild und die Farben meines edlen Vorfahren Salazar Slytherin werden für jedermann genügen..."*.[12] Doch dieser Allmachtstraum wird Augenblicke später zerstört, als Neville Longbottom den sechsten und letzten Horkrux, die Schlange Nagini, mit Gryffindors Schwert tötet.

7.3. Voldemorts Horkruxe

Zum ersten Mal fällt das Wort Horkrux im sechsten Band der Harry-Potter-Serie. Slughorn erinnert sich, dass Tom Riddle ihn während seiner Schulzeit danach gefragt hat.[13] Doch nur auf einem Umweg und mit etwas Glück erhält Harry die vollständige Erinnerung,[14] und erst am Ende des

---

[12]Bd 7 S. 740
[13]Bd 6, S. 374
[14]Bd 6, S. 494

letzten Bandes wird das ganze Ausmaß dieses schwarzen Zaubers deutlich.

Warum spaltet Voldemort seine Seele in Horkruxe, statt wie Nicolas Flamel ein Elixier des Lebens zu brauen? Wahrscheinlich, weil er so von keinen äußeren Bedingungen abhängt. So muss der Trank regelmäßig getrunken werden. Der Stein könnte ihm gestohlen oder zerstört werden. Da er, wie Dumbledore aus Riddles Unterhaltung mit Slughorn schließt, zu dem Zeitpunkt, als er seinen Lehrer um Rat bittet, schon alle erreichbare Literatur zum Thema Horkruxe gelesen hatte, wird er um die Gefahren der Seelenspaltung gewusst haben. Das Buch, das Hermine später liest, unterstreicht diese Gefahren der Seelenspaltung, besonders die Risiken, die damit verbunden sind, eine einmal gespaltene Seele wieder zusammenzufügen, was nur durch aufrichtige Reue über die verübten Morde möglich ist. [15]

Es stellt sich die Frage, was sich Voldemort bei der Herstellung der Horkruxe gedacht hat. War seine einzige Idee, dadurch eine unsterbliche Seele zu erlangen? Wie sollte die Verbindung zwischen den Teilen aufrechterhalten werden? Wie sollten sie ihm im Falle eines Angriffs auf seinen Körper helfen?

In den Büchern findet sich kein Hinweis darauf. Ziel der Horkruxe war es, unsterblich zu werden, egal um welchen Preis. Vage glaubte Voldemort wohl, dass sein bewusstes Selbst es schon merken würde, wenn ein Horkrux zerstört würde. Zudem kam ihm die Frage wahrscheinlich als zu theoretisch vor, ging er doch davon aus, dass niemand von ihrer Existenz wusste und, falls jemand zufällig auf einen stoßen würde, der Finder eher vom Horkrux zerstört würde als umgekehrt.

---

[15] Bd 7, S. 109

7. Voldemort

Zwei Fehler hat diese Überlegung: Zum einen unterschätzt Voldemort den Wert von geteiltem Wissen. Hätte Lucius Malfoy gewusst, dass das Tagebuch von unschätzbarem Wert war, weil es einen Teil der Seele seines Herrn enthielt, wäre er respektvoller damit umgegangen. Der zweite Fehler ist weitreichender: Weil Voldemort die menschlichen Schwächen verachtet, interessierte er sich nie für Psychologie. Er fürchtet den Tod und die Liebe. Liebe ist für ihn Schwäche, beruht sie doch auf dem Vertrauen in einen anderen Menschen. Er vertraut niemanden und hat sein Herz gegen jede menschliche Regung verschlossen. Mit jedem neuen Horkrux verschwindet ein Gefühl. Zum Schluss bleibt nur der Jähzorn übrig. Doch dadurch, dass er sich gegen Gefühle abschirmt, kann er auch nicht bemerken, wenn ein Gefühl, das in einem Horkrux versteckt ist, nicht nur unzugänglich ist, sondern tatsächlich getötet wird.

Die Entdeckung, dass Voldemort Horkruxe hergestellt hat, scheint als erster Dumbledore zu machen. Ihm zeigt das Erlebnis Harrys in der Kammer des Schreckens, dass Voldemort den Taschenkalender auf eine ganz spezielle Art verzaubert hat. Der Teil des Tagebuchs, der das vergangene Geschehen zeigt, funktioniert wie das Denkarium. Es ist möglich, die Ereignisse zu erleben, als wäre man dabei gewesen, ohne dass die Szenerie sich dadurch verändert. Für die damaligen Protagonisten bleibt der Zuschauer unsichtbar, der die Ereignisse in keiner Weise beeinflussen kann. Dieser Aspekt des Tagebuchs ist verhältnismäßig unbedeutend, obwohl er wahrscheinlich wichtig war, als Riddle das Buch anfertigte. Denn Riddle „schrieb" das Tagebuch, weil er, als er Slytherins Monster losließ, niemandem sagen durfte, was er getan hatte und wie man die Kammer öffnen konnte. Das Geheimnis der Funktionsweise der Kammer des Schreckens in dem Taschenkalender zu verbergen, war ein Mittel zu beweisen, dass Riddle der rechtmäßige Erbe Slytherins ist, und es bot ihm die Gelegenheit, in einer mehr oder weniger fernen Zukunft die Kammer erneut zu öffnen.[16] Riddle brauchte fünf Jahre, um das Geheimnis der Kammer zu lüften. Es ist sehr menschlich, Anerkennung dafür zu suchen. Aber Riddle, der keinem Menschen vertraut, spielt schon als Jugendlicher nur mit verdeckten Karten. Als Erwachsener gibt er den Taschenkalender zwar seinem getreuen Lucius Malfoy zur Aufbewahrung, sagt jedoch nur, dass der Kalender es ermöglicht, die Kammer des Schreckens zu öffnen. Diese Information scheint ihm nötig zu sein, will er nicht riskieren, dass der alte Kalender einfach auf dem Müll landet. Denn auf den ersten Blick scheint er ja nie benutzt worden zu sein, wie Harry bei seinem Fund bemerkt.[17]

Eigentlich heißt es, viel dem Zufall zu überlassen, wenn man Informationen derart verschlüsselt. Allerdings sorgt der in dem alten Taschenkalender versteckte Horkrux dafür, dass das Buch nicht fortgeworfen werden kann. Wenn es einem in die Hände fällt, steckt man es ein, obwohl es fünfzig Jahre alt und leer ist. So ergeht es Harry und vor ihm Ginny Weasley.

Hermine erklärt, wie ein Horkrux Menschen beeinflusst, die mit ihm in Berührung kommen:

> „Solange der magische Behälter noch intakt ist, kann das Stück Seele darin in jemanden rein- und wieder rausschlüpfen, wenn er dem Gegenstand zu nahe kommt. Ich meine damit nicht, wenn er ihn zu lange in der Hand hält, mit Berührung hat das nichts zu tun [...] Ich meine emotionale Nähe. [...] Wenn du von einem Hor-

---

[16]Bd 6, S. 512
[17]Bd 2, S. 242

krux abhängig bist oder ihn zu sehr magst, hast
du ein Problem."[18]

DerTaschenkalender war Riddles erster Horkrux. Man ist
versucht zu sagen, es handelte sich um sein Gesellenstück.
Wahrscheinlich hat Riddle es wirklich so gesehen, war doch
für ihn die Seele bis zu einem gewissen Grad ein überflüs-
siger Aspekt des Menschseins.

Doch mit jedem Horkrux, den er herstellt, verlieren seine
Züge etwas mehr von ihrer Menschlichkeit. Es ist das entge-
gengesetzte Phänomen wie im Fall von Dorian Gray, dessen
Äußeres unverändert hübsch bleibt, während sein Portrait
den inneren Zustand seiner Seele sichtbar macht. Im Falle Voldemorts spiegelt das Aussehen, das immer weniger
menschlich wird, das Ausmaß der Zerstörung seiner Seele.

Voldemort stellt Horkruxe her, um nie in die Hände des
Todes zu fallen, den Tod zu besiegen, ganz wie die drei
Brüder des Märchens. Voldemort tötet Menschen, um sie
zu überleben. Ihr Tod soll sein ewiges Leben sichern. Damit
geht er einen Schritt weiter als andere Mörder, die *„töten,
um den anderen zu überleben"*.[19]

Die Zauberer, die über Horkruxe schrieben, rieten von
solchen in lebenden Wesen ab. Doch Voldemort, der sein
Überleben in den Wäldern zum Teil Schlangen verdankt,
und dessen Gesicht etwas Schlangenhaftes hat, verstärkt
durch den Horkrux in Nagini noch seine symbolische Verbindung zur Schlange als Symbol des Hauses Slytherin.
Nicht jeder Mord löst bei Voldemort große Emotionen aus.
Einige seiner Opfer sterben nur, weil sie ihm in den Weg
kommen, so wie Cedric Diggory.[20] Die Morde an seinem

---

[18] Bd 7, S. 111

[19] Wolfgang Sofsky „Der Mensch tötet, um den anderen zu überleben"
(l'homme tue pour survivre à l'autre, in „Traité de la violence".)

[20] Bd 4, S. 666 „Töte den Überflüssigen."

Vater und seinen Großeltern sind dagegen Racheakte dafür, dass sie seine Existenz nie zur Kenntnis genommen haben. Diese ersten Morde, ein Jahr nachdem er die Kammer des Schreckens geöffnet hatte, führen zu seinem Entschluss, mehrere Horkruxe herzustellen. Der allererste - der im Tagebuch - war eine Art Gesellenstück. Das Ausmaß der Verwahrlosung seiner Verwandten mütterlicherseits haben ihm endgültig vor Augen geführt, wie leicht ein Menschenleben zu zerstören ist. Ein Horkrux scheint ihm nun nicht mehr zu genügen, um sein eigenes ewiges Überleben zu garantieren, sieben sollen es sein.

Warum wählt er die Zahl sieben - sechs Horkruxe und sein leibliches Selbst? Dies erklärt sich aus der Magie, die der Zahl innewohnt. In vielen Religionen, bei vielen Völkern, ist es die Zahl der Perfektion. Gott schuf die Welt in sieben Tagen, sieben Planeten kreisen um die Sonne, in vielen Märchen taucht ebenfalls die magische Sieben auf (sieben Brüder, sieben Zwerge, sieben Berge usw.). „7 - als Summe von 3 + 4, Zahl der Fülle und Vollendung; die Zahl der Vereinigung des Geistigen und der Materie."[21] Riddles Lehrer Slughorn ist über dieses Ansinnen entsetzt,[22] nicht nur weil es eine immense Verstümmelung der Seele durch sieben Morde voraussetzt, sondern auch, weil darin das Ansinnen, gottgleich zu werden, hervorscheint.

In jener Nacht, als Voldemort den kleinen Harry Potter töten will, weil er glaubt, dieser würde sonst eines Tages sein größter Herausforderer, fällt der Fluch auf ihn selbst zurück. Dank seiner Horkruxe stirbt er nicht, aber er lebt auch nicht mehr wirklich. Voldemort verliert seinen Körper und auch einen Teil seiner Willenskraft. Er ist derart

---

[21] http://www.heiligenlexikon.de/index.htm?Glossar/Zahlenmystik.htm
(konsultiert am 30.10.2003)
[22] Bd 6, S. 502

geschwächt, dass er kaum einem Menschen seinen Willen aufzwingen kann. So vegetiert er über Jahre in den Körpern kleiner Tiere, unter anderen in denen von Schlangen. In jener Zeit muss er erkennen, dass all seine treuen Anhänger ihm nur solange ergeben waren, wie er sie direkt für unloyales Verhalten bestrafen konnte. Als er verschwindet, denken sie einzig daran, ihre eigene Haut zu retten. Nach zehn langen Jahren in den albanischen Wäldern trifft Voldemort den schwachen Quirrel, dem er sein vermindertes körperliches Leben aufzwingen kann. Sein Wille ist wieder stark genug, den schwachen Quirrel völlig in seine Gewalt zu bringen. Als der es nicht schafft, den Stein der Weisen an sich zu nehmen, überlässt er ihn dem Tod und kehrt in sein vorheriges Versteck zurück, wo ihn Peter Pettigrew (Wurmschwanz) zwei Jahre später findet. Dieser Verräter der Potters hatte sich jahrelang als Rons Ratte getarnt und sich so in Harrys nächster Nähe aufgehalten. Pettigrew ist schwach und feige, bereit, Voldemort wieder zu einem Körper zu verhelfen, wenn der ihn dafür gegen seine früheren Freunde beschützt. Pettigrew sieht sich selbst als machtlos, hilflos dem Willen jedes charakterstärkeren Menschen ausgeliefert. Pettigrews Pflege führt dazu, dass der winzige unförmige Körper Voldemorts schnell zu Kräften kommt und wieder in der Lage ist, seinen Zauberstab zu halten, was er sofort dazu benutzt, weitere Morde zu begehen, jene an Bertha Jorkins und dem alten Gärtner.

Um seinem Herrn wieder zu einem menschlichen Körper zu verhelfen, vollzieht Wurmschwanz ein magisches Ritual, für das Knochen vom toten Riddle Senior, Blut von Harry Potter und Pettigrews rechte Hand benötigt werden. Voldemort weiß nicht, dass Wurmschwanz selbst sein Leben Harry Potter verdankt, dass also auch in ihm zumindest eine latente Erinnerung daran steckt, weil er, um seinen Körper wieder zu erlangen, Blut von Harry und die Hand von Pettigrew benutzt hat. Ohne Wurmschwanz' aktive Hilfe wäre Voldemort nicht wieder auferstanden. Doch zeigt Voldemort keine Dankbarkeit, nur Verachtung. Denn Dankbarkeit ist in seinen Augen eine Schwäche, die ihn moralisch mit dem Diener verbinden würde. Schließlich tötet, die künstliche Hand, die Voldemort dem schwachen Pettigrew gezaubert hat diesen, als er in Erinnerung an erhaltene Hilfe zögert, Harry zu ermorden. Eine menschliche Regung gegenüber seinem größten Feind straft Voldemort mit dem Tod.

Hier die Reihenfolge der Herstellung der Horkruxe durch Voldemort, für die er sich jeweils die Spannungen, die ein besonders gemeiner Mord in der Seele auslöst, zunutze macht.[23]

Der erste ist der Taschenkalender, hergestellt nach dem Tod der Maulenden Myrte. Ursprünglich als Schlüssel zum Öffnen der Kammer des Schreckens gedacht, ist er nicht von weiteren Zaubern umgeben. Ganz als wäre es dem jungen Riddle gar nicht in den Sinn gekommen, dass die Gefahr seiner Zerstörung bestand. Das erstaunt insofern etwas, als er doch dazu gedacht war, den Basilisken zu rufen, dessen Gift eines der wenigen Mittel ist, einen Horkrux zu zerstören. Voldemort gibt Lucius Malfoy alle Schuld an der Zerstörung des Kalenders. Aber im Grunde ist es seine eigene Schuld. Nicht nur, dass Malfoy nichts vom wahren Wert des Buches weiß, hinzu kommt, dass Voldemorts darin lebendes Seelenteil ein gewisses Eigenleben führt. Dieses jugendliche Seelenteil versucht dem nur noch vegetierenden Voldmort zu helfen und Harry Potter mit Hilfe des Basilisken zu tö-

---

[23]Bd 6, S. 510 „Er hat offenbar nur besonders bedeutsame Tode gewählt, wenn es ihm darum ging, Horkruxe zu erzeugen. Du wärst gewiss ein solcher Fall gewesen" (Dumbledore zu Harry)

ten. Doch stattdessen zerstört Harry den Horkrux-Kalender mit einem giftigen Basiliskenzahn.

Der zweite Horkrux ist Gaunts Ring. Nach dem Mord an Vater und Großeltern nimmt Riddle das Erbstück an sich. Kurze Zeit später beschließt er, daraus einen Horkrux zu machen. Als der Zauber ausgeführt wird, steht der Beschluss Voldemorts, seine Seele durch sieben zu teilen, schon fest, wobei der siebte Teil in Voldemorts Körper bleiben sollte.

Die Reihenfolge der Herstellung der drei folgenden Horkruxe, Hufflepuffs Becher, das Medaillon der Slytherins und Ravenclaws Diadem ist nebensächlich. Nur dem sechsten Horkrux kommt eine besondere symbolische Bedeutung zu, soll er doch den krönenden Abschluss des Werks bilden. Auch wenn es ein Werk ist, von dessen Existenz nur sein Hersteller weiß. Der Mord an Harry soll jede Gefahr eines künftigen Widersachers endgültig ausschalten. Doch ohne dass Voldemort es merkt, springt bei dem Verbrechen ein Teil seiner Seele auf den kleinen Harry über.

Da Voldemort glaubt, dass ihm noch ein Horkrux fehlt, versteckt er den letzten in der Schlange Nagini. Dazu wird der Mord an Berta Jorkins benutzt.[24]

---

[24] Auch wenn in Bd 6, S. 511 Dumbledore meint, der Mord an dem Muggel Frank Bryce wäre der Auslöser gewesen. Von Rowling wird Berta Jorkins in einem Interview vom 30.7.2007 bestätigt: „Lady Bella: Whose murders did Voldemort use to create each of the horcruxes? - J.K. Rowling: The diary – Moaning Myrtle. The cup – Hepzibah Smith, the previous owner. The locket – a Muggle tramp. Nagini – Bertha Jorkins (Voldemort could use a wand once he regained a rudimentary body, as long as the victim was subdued). The diadem – an Albanian peasant. The ring – Tom Riddle snr."http://www.the-leaky-cauldron.org/2007/7/30/j-k-rowling-web-chat-transcript (konsultiert am 19.8.2013)

Während viele Leser unbedingt wissen wollen, welcher Mord Auslöser jedes einzelnen Horkruxes war, scheint die Frage für die Autorin eher nebensächlich gewesen zu sein. Entscheidend war das Prinzip. Voldemort, um nie sterben zu müssen, teilt seine Seele in sieben, ungewollt in acht Teile. Einer davon ist, ohne dass er es weiß, in Harry Potter verborgen. Beweis für die These ist, dass im *Halbblutprinzen* gesagt wird, nur bedeutungsvolle Morde seien zur Herstellung von Horkruxen benutzt worden. Gleichzeitig sagt Dumbledore, der Mord an dem Muggel Frank Bryce wäre Auslöser für den Horkrux Nagini. Dem Argument kann man insofern folgen, als der Zauberer in dem Moment nur einen sehr schwachen rudimentären Körper hat, und der Mord also Zeichen seines Wiedererstarkens ist. Doch der Mord an Berta Jorkins ist es in viel größerem Maße. So gibt die Autorin in einem Interview mit Fans an, Bertas Tod sei der Auslöser gewesen. Doch damit folgt sie Argumenten aufmerksamer Leser und steht im Widerspruch zu der Angabe in Band sechs. Für den Handlungsablauf ist es unwichtig, welche Untat dazu verwendet wurde. Doch die Autorin beugt sich dem Wunsch ihrer Leser und nennt für jeden Horkrux ein präzises Opfer.[25] Aber ein Muggellandstreicher und ein albanischer Bauer als bemerkenswerte Mordopfer? Sie fallen doch eher in die Kategorie der Leute, die getötet werden, weil sie Voldemort gerade im Weg stehen. Doch da über Riddles Leben nach der Schule nichts bekannt ist, ist jede Spekulation möglich, nur unergiebig und unproduktiv, da für die Erzählung belanglos.

Bei Harry und Nagini als Aufbewahrungsorten von Seelenteilen Voldemorts handelt es sich um lebende Wesen, und vom Verbergen eines Horkruxes in einem Lebewesen wird abgeraten, weil es ein Eigenleben führt, also nicht wirklich

---

[25]Ibid.

kontrollierbar ist.[26] Allerdings geht Voldemort im Fall der Schlange davon aus, dass die potentielle Gefahr gering ist. Schlangen haben keinen eigenen Willen, denn ihr Denken ist sehr rudimentär. Ausserdem spricht Voldemort ihre Sprache, und er hat Macht über sie. Diese Affinität zu Schlangen macht er sich zunutze. So kann Nagini für ihn seine Umgebung überwachen und Eindringlinge melden, wie im Fall des Muggelgärtners im Eingangskapitel des vierten Bandes. Kurzfristig kann er auch ganz vom Gehirn Naginis Besitz ergreifen, wie er es tut, als er einen Zugang zur Mysteriumsabteilung sucht. Doch zeigt sich dabei, dass die Kontrolle nicht vollständig sein kann. Der Angriff auf Mister Weasley beweist, dass im Augenblick der Gefahr die tierischen Instinkte die Oberhand bekommen. Die Schlange schlägt zu.[27]

Die gefährlichste und sonderbarste Situation entsteht, weil Horkruxe in Lebewesen versteckt sind. In Bathilda Bagshots Haus befinden sich, für den Bruchteil einer Sekunde, vier von Voldemorts Seelenstücken am selben Ort. Voldemort, Nagini, Harry und das Medaillon. Der Horkrux in letzterem spürt die Gefahr. Harry fühlt das kleine Herz darin pochen.[28]

Eigentlich soll die Schlange Harry nur festhalten, doch wie schon beim Angriff auf Mister Weasley gewinnt im Augenblick der Gefahr der tierische Instinkt die Oberhand, und Nagini versucht Harry zu erdrücken. Dadurch wird der Horkrux im Medaillon so fest an Harry gedrückt, dass er eins mit Harry wird. Wäre Hermine nicht bei ihm gewesen, Harrys Auftrag wäre in jener Weihnachtsnacht gescheitert.

---

[26] Bd 6, S. 473 (Dumbledore) „.. *einen Teil seiner Seele einem Wesen zu überantworten, das selbst denken und sich bewegen kann, ist selbstverständlich eine sehr riskante Sache*".
[27] Bd 5, S. 543
[28] Bd 7, S. 344

Obwohl Harry Voldemort entkommt, erlebt er die folgenden Minuten - womöglich Stunden - nur noch durch Voldemorts Augen. Üblicherweise bekam Harrys Geist immer schon nach kurzer Zeit wieder die Oberhand, wenn er mit Voldemorts Geist in Verbindung trat. Doch diesmal sind zwei der Horkruxe in Harry, und sein eigener Geist ist von den Schrecken in Bathilda Bagshots Haus - dem Kampf mit der Schlange und der knappen Flucht vor Voldemort - so geschwächt, dass Voldemorts Fühlen die Oberhand gewinnt. Erst als es Hermine endlich gelingt, das Medaillon mit dem Horkrux von Harrys Brust zu lösen, kann Harry wieder Macht über sich selbst gewinnen. Die Verbindung zu Voldemorts Gefühlen wird unterbrochen.

Interessanterweise spürt Voldemort nichts von all dem. Offenbar hat er sich nie Gedanken darüber gemacht, was mit den abgetrennten Seelenteilen geschieht. Sie sollen sein körperliches Überleben auf ewig garantieren. Er scheint geglaubt zu haben, dass er es wohl bemerken würde, falls einer zerstört würde.[29] Aber die Trennung ist vollkommen. Mit jedem Horkrux hat er mehr von seinen menschlichen Gefühlen hinter sich gelassen: All die Emotionen, die er so verachtete und fürchtete, wie Liebe, Mitleid, Trauer. Er ist froh, sie los zu sein, vermisst sie daher auch nicht. Und es ist nur folgerichtig, dass er ihren endgültigen Tod nicht bemerkt.

Wie der Horkrux im Tagebuch, so führt auch der im Medaillon ein rudimentäres Eigenleben, das ausschließlich darauf ausgerichtet ist, seine Zerstörung zu verhindern. Zuerst reicht es, die pessimistischen Gedanken des Trägers zu verstärken. Wenn man glaubt, ein Unterfangen sei zwecklos, wird die Wahrscheinlichkeit, dass es dennoch gelingt, viel geringer. Doch als Harry das Schwert holen will, um den

---

[29] Bd 7, S. 558-559

Horkrux zu zerstören, versucht der Horkrux, der an einer Kette um seinen Hals hängt, Harry zu erwürgen, genau wie die Schlange zwei Nächte zuvor.

Man könnte einwerfen, dass der Horkrux im Medaillon bemerkt haben muss, dass auch Harry einen in sich trägt und nicht versuchen sollte, diesen Teil zu töten. Doch so ein menschliches Gefühl hat nie zu Voldemorts Charakter gehört. Schon das Kind Tom Riddle war egoistisch und grausam. Sein Horkrux ist wie er: Nur an seiner eigenen Existenz interessiert, wie bruchstückhaft sie auch sein mag.

Für den Horkrux in Harry trifft das nicht zu. Harry hat einen eigenen unabhängigen Geist, und im Gegensatz zu Voldemort glaubt er an Liebe und Freundschaft. Nur wenn Voldemort selbst starke Gefühle, besonders solche, die Harry betreffen, zeigt, erreichen diese Harrys Geist.

Dass auch Voldemort trotz aller Versuche, das Seelenleid auszusperren, nicht endgültig davon befreit ist, zeigt sich nach Harrys und Hermines Flucht aus Bathilda Bagshots Haus. In dem Moment sind kurzfristig zwei Horkruxe fest miteinander verbunden, wodurch sie Zugang zu Voldemorts Geist bekommen. So durchlebt er erneut seine Gefühle in jener Halloweennacht vor sechzehn Jahren.

> *„Er richtete den Zauberstab äußerst bedacht auf das Gesicht des Jungen: Er wollte sehen, wie sie sich abspielte, die Zerstörung dieser einzigen, unerklärlichen Gefahr. Das Kind begann zu weinen: Es hatte erkannt, dass er nicht James war. Er mochte nicht, dass es weinte, er hatte es nie ertragen können, wenn die Kleinen im Waisenhaus wimmerten -"*[30]

---

[30]Bd 7, S. 353

In jenem gefährlichen Zeitraum, bevor Hermine das Medaillon von Harrys Brust lösen kann, ist in Harry Potters Kopf kein Platz mehr für ihn, er ist nur noch Voldemorts Erinnerung. Dieser Rückblick zeigt den Grund, warum Harry zu einem Horkrux wird. Voldemort wollte den letzten Horkrux mit dem grausamen Triumph über seinen größten Feind konstruieren. Statt dessen generiert er ihn unfreiwillig mit seinem größten Kindheitsschmerz, dem unsäglichen Leid im Waisenhaus. Seinem Leid als Kind, seiner Machtlosigkeit gegenüber dem Jammern der noch jüngeren Waisen, für die es keinen Trost gibt. Dies ist die einzige Stelle, in der man einem Voldemort-Riddle begegnet, der Mitleid zeigt. Dieses Gefühl ist nach dem Angriff auf den kleinen Harry endgültig verloren, nur erinnert, weil kurz eine Fusion verschiedener Seelenteile besteht, darunter jenes Teils in Harry. Voldemort, der Mitleid nicht erträgt, hat seines, unbemerkt, in Harry deponiert. So ist dieser Träger seiner eigenen Fähigkeit zur Empathie und zugleich Aufbewahrungsort der Voldemorts. Als Voldemort im Zaubereiministerium bewusst von Harry Besitz ergreifen will, muss er ihn fliehen, weil er Harrys Gefühle, seine eigenen verschütteten Emotionen nicht aushalten kann. Als die Verbindung in Bathildas Haus unfreiwillig geschieht, muss er sie hilflos erleiden, bis die Verbindung von Harry mit Hermines Hilfe unterbrochen wird.

Mit Blick auf dieses Vorkommnis wird es verständlich, warum selbst Zauberer, die Bücher voller schwarzer Magie schreiben, sich nicht über Horkruxe auslassen, wie Hermine konsterniert liest.[31] Die Gefahren eines Horkruxes beschränken sich eben nicht darauf, dass ein Mord verübt

---

[31]Bd 6, S. 385 *„von dem Horkrux, der ruchlosesten von allen magischen Erfindungen, wollen wir schweigen und auch keinen Fingerzeig geben."*

werden muss. Das allein schreckt nicht jeden Menschen ab.
Wie sonst hätte der Zauber entwickelt werden können? Die
Gefahr geht von der dadurch entstehenden Instabilität der
Seele aus. Die verstümmelte Seele ist nicht einmal mehr
in der Lage, ein abgetrenntes Seelenteil als solches zu erkennen. So entdeckt Voldemort zwar, dass Harry in seinen Geist eindringen kann, eine Erklärung des Phänomens
versucht er nicht. Auch die Teile untereinander sind ver-
bindungslos und nur auf das Überleben ihrer selbst fixiert.
Kein Horkrux erkennt einen anderen als Teil derselben Person. Voldemort ist es unmöglich zu erkennen, dass Harry
Potter einen Teil seiner selbst beherbergt. Ein Horkrux garantiert letztendlich eben nicht ein ewiges Leben, sondern
nur ein verlängertes aber verstümmeltes Überleben.

7.4. Die Fehler in Voldemorts Plänen

Voldemort will gottgleich sein, unsterblich, unbesiegbar, Herrscher über Leben und Tod. Er ist überzeugt, dass seine
Horkruxe ihm diese Unsterblichkeit garantieren. Ein Beweis
dafür ist ihm sein untoter Zustand nach seinem fehlgeschla-
genen Angriff auf den kleinen Harry. Obwohl dem Tod sehr
nahe, ist er ihm entkommen, hat schließlich sogar seinen
Körper wiederbekommen. Seine Ansprache an die Todesser nachdem er dem Kessel entstiegen ist, hat entschiedene
Anklänge an die Sprache der Bibel. So spricht ein Gott zu
den niederen Menschen. Doch schon Minuten später wider-
legen die Tatsachen seinen Anspruch. Denn um seine gott-
gleiche Macht zu beweisen, will er den an den Grabstein
von Riddle Senior gefesselten Harry nicht einfach ermorden. Er will ihn im Kampf besiegen. An seinem Sieg kann
eigentlich kein Zweifel bestehen, sind seine Zauberkünste
doch denen eines fünfzehnjährigen Schülers der Zauberei

weit überlegen. Aber wie vierzehn Jahre zuvor, schlägt sein
Vorhaben auch dieses Mal fehl. Den Fehler sucht er nicht
bei sich. Wie die meisten Menschen schreibt er Erfolge seinem Können zu, Misserfolge den Umständen oder dem Ma-
terial. Für den Fehlschlag des Angriffs auf das Kleinkind
war der magische Schutzschild der Mutter verantwortlich.
Dieser Schutz bewirkte auch, dass Quirrel den Jungen nicht
berühren konnte, ohne furchtbare Schmerzen zu leiden. Um
den Zauber zu brechen, hat Voldemort zur Wiedererschaf-
fung seines Körpers Harrys Blut benutzt. Auf dem Friedhof
kann Harry wieder entkommen, diesmal, weil die Zauberstäbe der beiden den gleichen Kern haben, was Voldemort
zu dem Zeitpunkt noch nicht weiß. So benutzt er beim dritten Angriff einen anderen Zauberstab. Als der durch Harrys Zauberstab zerbrochen wird, kommt er zu dem Schluss,
dass gegen so einen mächtigen Stab nur der mächtigste der
bekannten Zauberstäbe hilft: der Elderstab.

Was er nicht erkannt hat, ist, dass seine wiederholten
Angriffe auf den Jungen die magische Verbindung zwischen
ihnen immer mehr verstärkt hat. Seit dem Angriff auf dem
Friedhof ist nicht nur ein Stück von Voldemort in Harry. In
Voldemort ist auch ein Teil Harrys, und die Verbindung der
beiden Zauberstäbe hat bewirkt, dass ein wenig von Voldemorts Zauberstab in den von Harry übergegangen ist. All
diese Teile Voldemorts können nicht zulassen, von einem
anderen Teil seines Ich getötet zu werden. Sie verhindern
den unbeabsichtigten Mord an einem Teil seiner selbst. Man
kann fragen, warum Voldemort das nicht vermutet, warum
er sich nie fragt, wie Harry in seinen Geist eindringen konnte. Eine Antwort ist, dass Voldemort seine Seele dermaßen
verstümmelt hat, dass ihm nie bewusst wird, dass ein Teil
mehr als vorgesehen fehlt, dass Harry unbeabsichtigt zum
Horkrux wurde. Wohl ist ihm nach dem Angriff Naginis auf

Mr Weasley deutlich geworden, dass Harry, wenn auch unbeabsichtigt, in seinen Geist eindringen kann. Er versucht auch die Manipulation von Harrys Visionen.[32] Doch der Versuch, vollkommen von Harrys Geist Besitz zu ergreifen, schlägt fehl, weil er dessen starke Gefühle nicht ertragen kann.

Spätestens als Voldemort von der Zerstörung des Tagebuchs erfährt und feststellt, dass er den Verlust dieses Horkruxes nie bemerkt hat, hätte er sich über diese beiden Phänomene Gedanken machen müssen. Er tut es nicht. Denn das Nachdenken über diese Erscheinungen würde sein ganzes Lebenskonzept in Frage stellen. Er hat sich immer auf die Vorteile von Horkruxen konzentriert, über eventuelle Nachteile hat er sich nie Gedanken gemacht. Obwohl einer der Nachteile, der Verlust seiner menschlichen Gesichtszüge, für jedermann sichtbar ist. Nie fragt er sich, ob es weitere Nebeneffekte gibt, und wenn ja, welche Auswirkungen diese auf sein Leben haben könnten. Denn das Abspalten der Seelenteile ist offenbar vollkommen. Die Horkruxe verhindern, dass Voldemort stirbt, mehr nicht. Eine Reintegration in Voldemort selbst ist unvorstellbar, wenn auch prinzipiell möglich, falls er seine Taten bereute. Allerdings kann Reue so starke Gefühle auslösen, dass die Folge der Tod ist. Nicht nur Reue ist unvorstellbar, auch die Wiederherstellung des Kontakts zu den Horkruxen auf magische Weise ist unmöglich, denn in ihnen sind Seelenteile mit starken Gefühlen eingeschlossen. All jene Gefühle, die Voldemort fürchtet, deren Sinn er leugnet. Wie könnte er die endgültige Zerstörung eines sowieso unerwünschten Teils seiner Selbst bemerken? Ein Zurück gibt es nicht, und Harrys Aufforderung an Riddle, Reue zu zeigen, ist reine Rhetorik. Wie könnte Voldemort seine Taten bereuen? Sein Ziel ist die absolu-

---

[32]Bd 5, die Träume von der Mysteriumsabteilung

te Herrschaft, was in seinen Augen alle Taten rechtfertigt. Morde sind notwendige Übel, für die keine Verantwortung übernommen werden muss, weil der Zweck alle Mittel rechtfertigt. Voldemort sieht sich als jemanden, der durch eigene Kraft geworden ist, ohne jede Hilfe von Eltern oder Lehrern. Er sieht sich nicht wie Harry Potter als das letzte Glied in einer langen Kette von Vorfahren. Für die Familien seiner Eltern hat er nur Hass und Verachtung übrig. Wenn er als kleines Kind gehofft haben mag, irgendwann würde er eine liebende Familie entdecken, so sind beide existierenden Familien eine große Enttäuschung. Mit dem Kind einer Hexe / eines Muggels wollen sie nichts zu tun haben. Sein Leben oder Sterben sind ihnen gleichgültig. Vor seiner Geburt war nichts, denn weder die Riddles noch die Gaunts sind seiner würdig. Andererseits braucht der Mensch einen Halt in anderen Menschen, um in der Welt verankert zu sein. Dieser Festpunkt ist der entfernte Ahne Salazar Slytherin.

Voldemort hat Angst vor dem Tod, so große Angst, dass er alles daran setzt, nie zu sterben. Dumbledores Vorstellung vom Tod als Anfang eines neuen Abenteuers[33] ist ihm vollkommen fremd. So ist die Beschreibung seines Todes nicht verwunderlich:

> „... während Voldemort mit ausgebreiteten Armen nach hinten fiel und die schlitzartigen Pupillen seiner roten Augen sich nach oben drehten. Tom Riddle schlug mit banaler Endgültigkeit auf dem Boden auf."[34]

In dem Moment, in dem Voldemort stirbt, wird er wieder zu dem schwachen, sterblichen Tom Riddle. Er stirbt wie jeder

---

[33]Bd 1, S. 323 *„Schließlich ist der Tod für den gut vorbereiteten Geist nur das nächste große Abenteuer."*
[34]Bd 7, S. 752

Mensch, ist nichts und niemand Außergewöhnliches mehr. Alles was bleibt, ist eine eingesunkene, leere Hülle. Dass er nach dem Tod ein neues Abenteuer beginnt, ist undenkbar, auch für den, der das unförmige Bündel in Kings Cross nicht gesehen hat. Schopenhauer hat das sehr einleuchtend formuliert:

> „Denn als unvergänglich kann ein vernünftiger Mensch sich nur denken, sofern er sich als anfangslos, als ewig, eigentlich als zeitlos denkt. Wer hingegen sich für aus nichts geworden hält, muß auch denken, daß er wieder zu nichts wird [...] Wer aber die Geburt des Menschen für dessen absoluten Anfang hält, dem muß der Tod das absolute Ende desselben sein.”[35]

Wie es oft bei Rowling der Fall ist, ist auch der Titel des letzten Kapitels *„Der Fehler im Plan”* irreführend. Voldemorts Plan hat mehrere Mängel.

- Der geringste Fehler ist seine Verkennung der Funktionsweise des Elderstabs. Dieser Zauberstab muss im Kampf gewonnen werden, ihn aus einem Grab zu stehlen, reicht nicht. Die anderen Irrtümer sind schwerwiegender.

- So die Weigerung, seine Sterblichkeit zu akzeptieren. Da er ohne die Hilfe anderer Menschen eine Möglichkeit gefunden hat, unsterblich zu werden, glaubt er, es sei überflüssig, sich über den Tod Gedanken zu machen.

- Er unterschätzt den Wert von Freundschaften. In seinen Augen ist geteiltes Wissen nur eine Gefahr. Der Mitwisser könnte das Wissen an Feinde weitergeben. Er erkennt nicht, dass geteiltes Wissen auch Vorteile hat. Da er für Menschen, die seine Freunde sein wollen, nur Verachtung zeigt

---

[35] Arthur Schopenhauer: Die Welt als Wille und Vorstellung. Bd 2 S. 622-623

und auch nie kleine Geheimnisse mit ihnen teilt, bekommt er auch im Gegenzug keine Informationen. Alle hüten sich, Lord Voldemort mit Belanglosigkeiten zu langweilen. Keiner erzählt ihm, dass Dumbledore keinen Zauberstab hat, als die Todesser ihn und Draco Malfoy finden. Die einzige, die immer treu zu ihm steht, ist Bellatrix Lestrange. Wie oft er sie auch zurückstößt oder demütigt, sie ist ihm in blinder Liebe ergeben, die letzte, die bis in den Tod für ihn kämpft. Doch ihre Ergebenheit bedeutet ihm nichts. So kommt es, dass sie es vorzieht, ihm nichts von Narzissas Bitte an Snape zu sagen.[36] Denn Voldemort verhöhnt Familienbande, nutzt sie, um Bellatrix und andere Anhänger zu erniedrigen.

- Die Verkennung der Rolle, die die Liebe in all ihren Formen im Leben der Menschen spielt, führt schließlich zu seinem Sturz. Voldemort ist unfähig zu erkennen, welch mächtiger Handlungsantrieb in ihr liegt. Aus diesem Grund hat er nie bemerkt, dass Snape kein loyaler Diener mehr war, nachdem Voldemort trotz des gegenteiligen Versprechens, Lily getötet hatte. Aus Trauer um die verlorene Liebe wird er Dumbledores Spion. Harry wurde durch seine Mutter geschützt. Voldemort glaubt, diesen Schutz dadurch gebrochen zu haben, dass er Harrys Blut nimmt. Damit ist die Sache für ihn erledigt. In seinen Augen gibt es keinerlei Parallelen zwischen Harry und seiner Mutter und Draco und seiner Mutter. Daher kommt es ihm nie in den Sinn, dass Narzissa Malfoy vielleicht keine treue Dienerin mehr ist, sobald ihr einziger Sohn in Gefahr ist. Um Draco im belagerten Schloss suchen zu können, lügt sie ihren Herrn kaltblütig an, sagt Harry sei tot. Eine Lüge, so unvorstellbar für Voldemort, dass er sie nicht entdecken kann. Voldemort und seine Todesser benutzen oft Familienangehörige

---

[36]Bd 6, Kapitel „Spinners End"

von Gegnern, um letztere zum Schweigen zu bringen oder um Anhänger zu strafen. Narzissas Lüge beweist, dass es einen Punkt gibt, an dem jede Gefolgschaft aufhört und nur noch die Rettung des geliebten Menschen, zählt, auch auf die Gefahr hin selbst zu sterben.

Voldemorts Blindheit für Liebe, seine Unfähigkeit zu lieben, ist letztendlich sein Verderben.

8. Harry Potter

Harry Potter ist der Titelheld der sieben Bände. Die Ereignisse werden fast immer aus seinem Blickwinkel erzählt.
Eine Ausnahme macht meistens das Eingangskapitel. Die
folgenden Kommentare gehen nur auf einige wenige Aspekte der Romanfigur ein, über die natürlich noch viel mehr
zu sagen wäre.

8.1. Der Mythos vom Heldenkind

Die Abenteuer Harry Potters kann man als modernes Märchen lesen, das auf dem Mythos des Heldenkindes aufbaut.
Wie in vielen anderen Kinderbüchern auch, wird die Geschichte eines armen Waisenkindes und seiner Suche nach
dem Glück erzählt. Allerdings handelt es sich nicht um eine
gewöhnliche Waise. Vielmehr wurden Harrys Eltern ermordet, weil sie versuchten, ihren einjährigen Sohn vor einem
schwarzen Magier zu schützen. Erstaunlicherweise überlebt
das Kleinkind den Todesfluch. Es hat nur eine blitzförmige
Wunde auf der Stirn. Voldemort verschwindet spurlos. Viele hoffen, er sei tot. Ohne es zu ahnen, oder es gewollt zu
haben, ist Harry also eine lebende Legende, ein Held in der
Zauberergemeinschaft.

Archetypen definiert C.G. Jung als „Inhalte des kollek-
tiven Unbewussten."[1] Zu diesen Archetypen gehören unter

---

[1]C.G. Jung : Archetypen. 11.Aufl. München, Deutscher Taschenbuch
Verl. 2004, S. 8

8. Harry Potter

anderem der Held - mit der Untergruppe kindlicher Held - die große Mutter, der weise Alte. Sie alle tauchen in den Mythologien und Märchen der Völker auf, haben also universellen Charakter. Ganz erklären, sagt Jung, kann man einen Archetypus nicht.

> Man darf sich keinen Augenblick der Illusion hingeben, ein Archetypus könne schließlich erklärt und damit erledigt werden. Auch der beste Erklärungsversuch ist nichts anderes als eine mehr oder weniger geglückte Übersetzung in eine andere Bildsprache. (Sprache ist ja nichts anderes als Bild!)[2]

Der Archetypus bezeichnet somit die Grundidee, die jede Erzählung mit eigenem Leben erfüllt, die den Akzent jeweils anders setzt und von jeder Kultur und jeder Generation neu inszeniert wird, um für die jeweilige Hörer- und Leserschaft eine universale Fragestellung zeitgemäß darzustellen.

Jung listet die typischen Zeichen des Heldenkindes auf, die ich hier dem Romanhelden Harry Potter gegenüberstelle.

Mythologischer Held	Harry Potter
Wunderbare Geburt	Wundersames Überleben
Zur Übernatur gesteigertes Wesen	Sehr menschliches Wesen, seine Erfolge können als reines Glück interpretiert werden
Verlassenheit, handelt allein	Vollkommene Verlassenheit bis er nach Hogwarts kommt. Danach stehen ihm immer einige wenige Menschen zur Seite.
Gefährdung durch Verfolger	Gefährdung durch Verfolger
Kampf gegen Drachen, Schlangen	Kampf gegen Drachen, Schlangen, Menschen, usw.

---

[2]C.G. Jung S. 116

Wie die Tabelle zeigt, gibt es Ähnlichkeiten, aber auch bemerkenswerte Unterschiede zwischen dem kindlichen Helden Harry Potter und mythologischen Helden wie Siegfried oder Herakles. Ein entscheidender Unterschied zu mythologischen Helden ist, dass jene meist allein handeln. Sie finden alle Kraft in sich, brauchen offenbar nie die Hilfe anderer Menschen. Sie bleiben gewissermaßen in ihrer ursprünglichen Verlassenheit gefangen. Harry Potter dagegen ist menschlich, ein soziales Wesen, auf Hilfe angewiesen und bereit, sie auch anzunehmen. Schon sein allererstes Abenteuer hätte er nie erfolgreich zu Ende gebracht ohne die Mithilfe seiner Freunde Ron und Hermine. Jung versteht Drachen und Schlangen als Symbole, die die bewusste Identität bedrohen, den Helden ins kollektive Unbewusste zurückwerfen. Aufgabe des Helden ist es, die Dunkelheit zu besiegen, sowohl die symbolische im eigenen Innern als auch jene der Gemeinschaft. So muss Harry ständig für seine Überzeugungen kämpfen, zum Beispiel gegen eine öffentliche Meinung, die ihn mundtot machen will. Immer wieder muss er sich auch wiederholen „Ich bin Harry, nicht Voldemort", wenn wieder einmal dessen Gedanken von seinem Bewusstsein Besitz ergreifen. Obwohl die mythologischen Helden alle Gefahren erfolgreich meistern, gehen sie schließlich an Kleinigkeiten zugrunde: Siegfried an der verwundbaren Stelle, Herakles durch das Geschenk seiner Frau, andere Helden durch Verrat.[3]

Nachdem ich diesen Text C.G. Jungs gelesen hatte, vor Erscheinen des siebten Harry-Potter-Bandes und nach dem Lesen eines Interview mit J.K. Rowling, in dem sie sinngemäß sagte „wer sagt Ihnen denn, dass Harry überlebt?" war ich unsicher, ob er überleben würde. Andere Leser stellten sich die gleiche Frage. So spekulierte eine Internetseite

---

[3]C.G. Jung ibd S. 122

schon vor dem Erscheinen des fünften und sechsten Bandes, dass Harry zwar gegen Voldemort gewinnen würde, doch dadurch seine magischen Fähigkeiten verlöre, was einem Tod sehr nahe käme, lebte er doch erst, seit er der magischen Gemeinschaft angehörte. Aus meiner Sicht sprach gegen diese Theorie eine Aussage in Band eins, wonach Harry seit seiner Geburt für Hogwarts vorgemerkt war,[4] also lange vor Voldemorts Angriff auf ihn. Hinzu kommt, dass es sich um ein Kinderbuch handelt, und moderne Kinderbücher lassen ihre Helden üblicherweise nicht sterben. Unserer heutigen Kultur scheint das inakzeptabel. Es würde Kinder angeblich aus dem seelischen Gleichgewicht bringen. Gibt es doch Menschen, die finden, dass viele Grimmsche Märchen für Kinder wegen ihrer Grausamkeit in der Originalfassung ungeeignet sind. Gleichzeitig sehen diese Kinder täglich in den Nachrichten und in Filmen die schrecklichsten Gräueltaten. Es ist unmöglich, sie vor der Realität des Todes zu schützen. Und der Tod ist in Harry Potters Abenteuern immer gegenwärtig. Der Tod von Harrys Eltern ist noch eine erzählerische Notwendigkeit. Die Schüler, die im zweiten Jahr von Voldemorts Monster, dem Basilisken, angegriffen werden, können noch gerettet werden. Cedric - zwei Jahre später - stirbt. Harry wird älter, seine Aufgaben immer gefährlicher. Sie führen sogar zum Tod seines Paten. Schließlich stirbt auch sein Lehrer Dumbledore. Er stirbt wirklich, endgültig. Er verschwindet nicht im Kampf, um im kritischen Augenblick, wie Gandalf im Herrn der Ringe, wieder zum Leben zu erwachen. Die Überlebensbedingungen für den Helden werden immer schwieriger, sein Tod ist vorstellbar, vielleicht sogar erzählerisch notwendig.

Nachdem der Zyklus vollständig erschienen ist, weiß der Leser, dass der Held überlebt. Anders als viele mytholo-

---

[4]Bd 1, S. 67

gische Vorbilder wird er nicht überheblich und missachtet seine Mitmenschen nicht. Harry Potters großer Fehler - wenigstens in den Augen seines Feindes - ist seine Fähigkeit zu lieben, seine Empathie. Doch sind es diese Züge, die schließlich zu seinem Sieg führen. Er ist kein Übermensch, will es auch gar nicht sein. Er hat individuelle Züge, wie auch alle anderen Personen der Bücher. Dies ist sicher einer der Aspekte, die den Erfolg der Buchreihe ausmachen. Auf der Basis universell bekannter Bilder baut die Autorin eine vollkommen neue Geschichte auf, indem sie geschickt klassische Motive mit ureigenen Ideen vermengt.

8.2. Kindheit bei den Dursleys

Harry Potter überlebt im Alter von einem Jahr den Angriff Voldemorts. Er trägt nur eine blitzförmige Narbe auf der Stirn davon. Seine Eltern werden jedoch ermordet, weshalb Albus Dumbledore den Kleinen in die Obhut seiner einzigen Verwandten, Tante Petunia, Schwester seiner Mutter und ihres Mannes Vernon Dursley gibt. Von nun an wird er gemeinsam mit seinem Vetter Dudley großgezogen. Während die Dursleys ihren Sohn verhätscheln und ihm jeden Wunsch erfüllen, muss Harry im Schrank unter der Treppe schlafen und mit den Resten Vorlieb nehmen. Der Cousin achtet darauf, dass Harry nur essen kann, was er selbst nicht mag. Außerdem trägt er Dudleys abgelegte Kleidung. Da Dudley auch in der Schule alles unternimmt, damit Harry isoliert bleibt, indem er jeden verprügelt, der nett zu seinem verhassten Vetter ist,[5] führt Harry das typische Aschenputteldasein der Waisen im Märchen. Und wie es sich für ein Märchen gehört, tritt ein Ereignis ein, das seine Situati-

---

[5]Bd 1, S. 31

on vollkommen verändert. Plötzlich darf Harry seine Kammer verlassen und Dudleys zweites Schlafzimmer benutzen. Dudley ist geschockt. Es gibt eine Macht, die seinen Eltern mehr Angst einjagt als seine Wutausbrüche.[6]

Das Verhalten der Dursleys, als sie erfahren, dass Harry in der Zaubererschule aufgenommen wurde, ist paradox. Einerseits akzeptieren sie nur widerwillig, dass Harry bei ihnen lebt, andererseits wollen sie verhindern, dass er in das Internat geht, was doch zur Folge hätte, dass sie ihn fast das ganze Jahr über los wären. Die Ursache für diese seltsame Reaktion liegt in Petunias Kindheit. Diese beneidete ihre Schwester Lily um ihre magischen Fähigkeiten. Gerne hätte sie auch welche gehabt. Darum schrieb sie direkt an Dumbledore mit der Bitte, wie Lily in Hogwarts aufgenommen zu werden. Da die Bitte nicht erfüllt werden konnte und um den Schmerz zu verwinden, beschließt sie, Leute wie Lily als geistesgestört anzusehen.[7] So ist Hogwarts keine Schule mehr, deren Besuch erstrebenswert ist, sondern eine Anstalt, in der man gestörte Menschen unterbringt, um normale Menschen vor ihnen zu schützen. Sie will mit ihrer Schwester nichts mehr zu tun haben. Sie weiß zwar von der Heirat Lilys und der Geburt Harrys, ignoriert sie aber. So nimmt sie die Waise Harry nur auf, weil sie vor Dumbledore Angst hat, und stellt sich die Aufgabe, Harry die Magie, von der er gar nichts weiß, auszutreiben. Spätestens der Vorfall im Zoo zeigt ihr, dass die Strategie zum Scheitern verurteilt ist.

Das Misstrauen und die Ablehnung alles Magischen bei den Dursleys schwindet im Laufe der Jahre nicht. Ihre Erfahrungen mit Magie sind auch alles andere als positiv. Hagrid hext Dudley einen Schweineschwanz an, der Hauself

---

[6]Bd 1, S. 45
[7]Bd 7, S. 677

Dobby, der eigentlich nur Harry retten will, sorgt dafür, dass Onkel Vernons Firma einen großen Auftrag verliert. Dann bläst Harry seine Tante Magda wie einen Ballon auf und schließlich verwüstet Arthur Weasley den Wohnraum der Familie. Höhepunkt ist schließlich der Angriff der Dementoren auf Dudley, sodass Dumbledore eingreifen muss, um Harrys Rauswurf aus dem Haus zu verhindern. Als Dumbledore eines Tages persönlich vor der Tür steht, sind die Dursleys entsprechend angespannt, obwohl es diesmal keine Zwischenfälle gibt. Als Harry siebzehn wird, müssen die Dursleys sich sogar von Zauberern verstecken lassen, um vor Voldemort sicher zu sein. Da Dudley nach dem Angriff der Dementoren offenbar seine Einstellung Harry gegenüber geändert hat, gibt seine Akzeptanz der Situation den Ausschlag, sodass die Eltern sich helfen lassen. Er vertraut Harrys Analyse der Situation. Was danach aus den Dursleys wird, erfährt der Leser nicht. Wahrscheinlich führen sie nach Voldemorts Tod genau dasselbe Leben wie vorher. Harry wird wohl, wie vorher seine Mutter, totgeschwiegen werden.

Trotz seiner schweren Kindheit hat Harry immer einen Sinn für Humor behalten. Nie lässt er sich längere Zeit von Selbstmitleid überwältigen. Immer erkennt er mit scharfem Blick die lächerlichen Seiten und Schwächen Dudleys, wenn er ihn zum Beispiel bewusst missversteht und eine Drohung in eine Beleidigung Dudleys wendet. *„Das arme Klo hat noch nie etwas so Fürchterliches wie deinen Kopf geschluckt - vielleicht wird ihm schlecht davon."* Oder als er sein Lachen versteckt, weil die Begeisterung seiner Tante für eine grobe Schmeichelei ihres Sohnes einfach grotesk ist.[8] Natürlich leidet er unter seinen Lebensbedingungen bei den Verwandten, nur verbringt er sein Leben nicht aus-

---

[8]Bd 1, S. 39 und Bd 2, S. 11

137

schließlich im Brüten über die Ungerechtigkeit des Lebens und seine Situation. Die Abwertung durch die Ersatzfamilie führt nicht zur Selbstabwertung. Er bewahrt seine Selbstachtung, lernt, jede Abwesenheit der Familie zu nutzen, um Dinge zu tun, die ihm sonst verboten sind, wie fernsehen oder spielen mit Dudleys Computer. Vor einigen Demütigungen bewahren ihn seine magischen Kräfte, mit deren Hilfe er zum Beispiel einen fürchterlichen Haarschnitt ungeschehen macht.[9]

Nachdem er die Wahrheit über den Tod seiner Eltern erfahren hat, verteidigt er diese auch gegen Onkel Vernon und dessen Schwester. Obwohl ihn das, wieder einmal, in Schwierigkeiten bringt, ist er nicht in der Lage, Lügen schweigend hinzunehmen. All die erlittenen Erniedrigungen sind nicht spurlos an ihm vorübergegangen. Sie haben sich tief in sein Gedächtnis eingegraben, wie sich während seines Unterrichts in Okklumentik mit Snape zeigt. Diese selbst erlittenen Demütigungen erlauben ihm jedoch auch, die anderer Menschen zu verstehen, sich leicht in sie einzufühlen.

8.3. Aufnahme in Hogwarts

Sobald Harry in die Welt der Zauberer eintritt, wird er mit seinem wundersamen Überleben konfrontiert. Da die Narbe auf seiner Stirn kaum zu verbergen ist, kann er nie in der anonymen Menge untertauchen. Ohne es zu wollen, steht er im Rampenlicht. Er ist auch nicht mehr arm, denn von den Eltern hat er Zauberergeld geerbt, das in einem Verlies der Zaubererbank Gringotts lagert. Und so wie Dudley, der in seiner neuen Schule, Smeltings, eine schicke Schuluniform

---

[9]Bd 1, S. 30-31

mit Hut und Stock erhält, bekommt er in Hogwarts eine Uniform mit Zaubererhut und Stock. Doch nicht irgendeinen Stock, sondern einen Zauberstab, mit dem man wesentlich mehr Macht hat, als mit einem Spazierstock. Auch dieser Zauberstab, der so gut zu Harry passt, verbindet ihn mit Voldemort. Denn der hat vor vielen Jahren bei seinem eigenen Eintritt in Hogwarts einen Stab gekauft, der als einziger ebenfalls eine Feder von Dumbledores Phönix enthält,[10] und dieser Zwillingsstab ist für die Narbe auf Harrys Stirn verantwortlich.

Bei Harrys Aufnahme in Hogwarts zeigt sich, dass es auch sein Gutes hatte, dass er bei Muggeln aufwuchs. Dort war er einfach ein Junge wie jeder andere. Ja, er war sogar weniger in der Familie, die ihm keine Freuden gönnte. Wäre er in einer Zaubererfamilie aufgenommen worden, hätte durchaus die Gefahr bestanden, dass er sich für jemanden Besonderes hielt, einfach durch sein Überleben, und dass er überheblich und eingebildet wäre, wie Draco Malfoy, der erste Junge, dem er in der Winkelgasse begegnet. Doch so erinnert ihn Draco nur an Dudley und ist ihm unsympathisch.

Harrys Begegnung mit Familie Weasley auf dem Bahnhof Kings Cross ist ganz anderer Art. Wie die Malfoys sind sie reinblütig, aber ohne jede Arroganz. Vielmehr hat Vater Arthur großes Interesse an der kuriosen Welt der Muggel. Während seine Frau Molly ihre Jungen sofort ermahnt, Harry nicht wie ein Zootier anzustarren, er wolle sicher seine Ruhe haben, sein wie die anderen Kinder.[11] Ihr Sohn Ron ist an Harry genauso interessiert wie der an ihm, den er darum beneidet, eine so große Familie zu haben. Besonders deutlich wird dies vor dem Spiegel Nerhegeb. Dort sieht sich Harry, der so oft unfreiwillig allein im Zentrum

---

[10]Bd 1, S. 93 u. Bd 4, S. 728
[11]Bd 1, S. 108

der Aufmerksamkeit steht, umgeben von Eltern, Großeltern und anderen unbekannten Verwandten und Vorfahren. Während Ron, der nie etwas Neues hat und immer mit seinen älteren Brüdern verglichen wird, sich im magischen Spiegel allein sieht, hervorgehoben aus der Masse, Schulsprecher, Kapitän der Quidditchmannschaft. In Ron findet Harry zum ersten Mal im Leben einen Freund.

In einem Internat erzogen zu werden, heißt seine Tage in einer Gruppe zu verbringen und kein eigenes Zimmer zu haben, in das man sich zurückziehen kann, wo einen niemand stört. In Hogwarts ist der einzige Ort, mit ein wenig Privatsphäre das Himmelbett im Schlafsaal. Die Vorhänge zu zuziehen signalisiert den Mitbewohnern, dass man schlafen will. Bevor man ein intimes Gespräch führt, ist es angeraten, sicherzustellen, dass niemand zuhört. Zusätzlich ist ein Blick an die Decke von Vorteil, denn der Poltergeist Peeves macht mit Vorliebe das Gegenteil dessen, was man wünscht. Dank Peeves weiß zum Beispiel sofort die ganze Schule, dass Harry Luna Lovegood zu Slughorns Weihnachtsparty eingeladen hat.[12]

Damit das Zusammenleben so vieler Jugendlicher möglich ist, sind strikte Regeln nötig, deren Einhaltung dadurch gefördert wird, dass das Haus, nicht der einzelne Schüler, bei guter Mitarbeit Punkte gut geschrieben bekommt, während schlechtes Betragen des Einzelnen Punkteverlust für das ganze Haus bedeutet. Da der tägliche Punktestand jedes der vier Häuser in der Eingangshalle angezeigt wird, kann Fehlverhalten üble Folgen haben, wie Harry schon im ersten Jahr lernt. Als McGonagall in einer Nacht gleich vier Erstklässler, davon drei aus Gryffindor, beim Herumschleichen im Schloss erwischt, verliert Gryffindor derart viele

---

[12]Bd 6, S. 314

Punkte, dass niemand mehr mit Harry, Hermine und Neville spricht.[13]

8.4. Freundschaften

J.K. Rowling beschreibt die Beziehungen zwischen den Freunden nie als Idylle. Vielmehr gibt sie feinfühlig die komplexen Interaktionen wieder, die Konflikte und Reibungspunkte, die im Laufe der Zeit auftauchen. Solange Ron und Hermine zu Harry halten, übersteht er Zeiten, in denen niemand mehr mit ihm spricht, recht gut, schließlich hat Onkel Vernon Harry oft ignoriert. Doch als im vierten Jahr der Feuerkelch Harrys Namen ausspuckt, glaubt Ron, Harry habe einen Weg gefunden, die Altersgrenze zu umgehen. Er ist beleidigt und weigert sich, mit seinem Freund zu sprechen. In dieser Zeit fühlt Harry sich sehr einsam. Denn nur die strebsame Hermine als Freundin zu haben, heißt, fast die ganze freie Zeit mit Lernen in der Bibliothek zu verbringen. Er mag Hermine zwar, aber sie ist fast ausschließlich an ihrem schulischen Erfolg interessiert. Die Arbeit steht immer im Vordergrund. Für Herumalbern hat sie kein Verständnis, während es für Ron und Harry ein wichtiges Ventil ist, um Druck abzubauen.

Hermine

Hermine Granger, im Englischen Original Hermione, ist ein Einzelkind, deren Eltern Muggelzahnärzte sind. Sie ist eine Streberin, der Nichtwissen ein Gräuel ist. Schon vor Unterrichtsbeginn studiert sie alle neuen Schulbücher, wobei sie ganze Abschnitte auswendig lernt. Sie liest auch noch weitere Bücher, die nicht auf den Bücherlisten stehen, unter

---

[13]Bd 1, S. 266-267

anderem die Geschichte Hogwarts. Damit gehört sie nicht in die Gruppe der Minimalstreber, die zwar sehr gute Noten haben, weil sie alles Gelernte perfekt wiedergeben können, sich jedoch strikt auf das erwartete Wissen beschränken. Ihr Wissensdrang geht weit über das reine Schulwissen hinaus. Sie scheint das Ideal des Universalgelehrten anzustreben. Wissen um des Wissens willen, verbunden mit einem guten Schuss Pragmatik und analytischen Fähigkeiten.

Bei ihrem ersten Auftreten im *Stein der Weisen* erscheint sie als schnippisch, besserwisserisch und etwas hochnäsig. Auch ist sie sehr auf das korrekte Einhalten aller Regeln bedacht. Sie erweckt immer den Eindruck, als gäbe es nichts Wichtigeres als das Befolgen aller Bestimmungen, angefangen bei denen der Lehrer bis zu den Gesetzen der Zauberergemeinschaft. Sie ist stolz darauf, Punkte für ihr Haus zu gewinnen, und ungehalten, als Ron und Harry unerlaubt nachts im Schloss herumstreichen, weil sie so riskieren, die Punkte, die sie für Gryffindor gewonnen hat, leichtsinnig wieder zu verlieren.[14]

An Halloween im ersten Jahr, als sie zusammen mit Ron und Harry einem Troll gegenübersteht, wird zum ersten Mal eine andere Hermine sichtbar. Unter Ausnutzung ihres Rufs als fleißige Schülerin, die alles besser können will als ihre Mitschüler, lügt sie die Lehrer unverfroren an, wodurch sie den Jungen weiteren Ärger und ihrem Haus einen hohen Punkteabzug erspart. Man kann sich fragen, warum sie so handelt, anstatt ihnen alle Schuld zuzuschieben und selbst als braves unschuldiges Kind dazustehen. Um das zu verstehen, ist es angebracht, diese Szene genauer zu betrachten. Da das Abenteuer mit dem Troll typisch ist für das Bild, das sich die Lehrer aber auch die Jungen von ihr machen.[15]

---

[14]Bd 1, Kapitel: „Duell um Mitternacht"
[15]Bd 1, Kapitel: „Halloween"

Am Vormittag im Zauberkunstunterricht hat Hermine Rons Fehler beim Üben des Schwebezaubers *Wingardium Leviosa* korrigiert, worüber er beleidigt war. Kurz darauf hört sie zufällig eine Bemerkung Rons, der ihre Besserwisserei kritisiert und hervorhebt, dass sie in Hogwarts keine Freunde hat. Weinend flüchtet sie in eine Mädchentoilette. Bis zu diesem Zeitpunkt ist sie eine Einzelgängerin, die die ganze Klasse mit ihrem Wissen nervt. Dass sie ihre Arbeit ganz in den Dienst Gryffindors stellt, ist den Schulkameraden gleichgültig. Anders als Hermine leben sie in den Tag hinein, ohne einen Gedanken an die Konsequenzen ihrer Handlungen zu verschwenden. Dafür ist Rons und Harrys Rettungsaktion ein charakteristisches Beispiel.

Dass Rons bissige Bemerkung das Mädchen verletzt hat, beschämt die Jungen. Um ihr schlechtes Gewissen zu beruhigen, wollen sie Hermine suchen, um sie vor dem Troll in den Kellern zu warnen. Eine unsinnige Aktion, denn zum einen ist der Troll nicht im ersten Stock, und Hermine also in Sicherheit, solange sie die Toilette nicht verlässt. Zum anderen sollen sich alle Schüler direkt in ihre Gemeinschaftsräume begeben, um jedes Risiko einer Begegnung mit dem Ungeheuer zu vermeiden. Es wäre vernünftig gewesen, einen Lehrer über Hermines Aufenthaltsort zu unterrichten. Doch dann hätten sie ihre Rolle zugeben müssen, und Jugendliche vermeiden es generell, Erwachsene über Konflikte mit Gleichaltrigen zu unterrichten. Als die Jungen den Troll sehen, vergessen sie alles andere, sehen nur noch die Gelegenheit, die Helden zu spielen. Wer fängt schon mit elf Jahren einen ausgewachsenen Troll! Wieder handeln sie erst, und denken später. Statt Hermine vor dem Troll zu warnen, haben sie sie gerade mit ihm eingesperrt. Hätte Hermine den hinzukommenden Lehrern dies alles erklärt, wären Ron und Harry nicht nur für das Überschreiten der Regeln, sowie für ihr rüpelhaftes Verhalten bestraft worden, sondern auch, weil sie Hermine einer großen Gefahr ausgesetzt haben. Ihre Stellung in der Gemeinschaft hätte sich dadurch nicht verbessert, vielleicht gar verschlechtert, obwohl die Jungen selbstlos handelten. Außerdem hätte das Haus sehr viele Punkte verloren. Indem Hermine ihre guten Schulleistungen hervorhebt, mit denen sie, so behauptet sie, geglaubt habe, es mit einem Bergtroll aufnehmen zu können, hält sie den Schaden für alle klein. Eine fleißige Schülerin wird nie so hart bestraft wie ein Junge, der schon mehrfach aufgefallen ist. Die Situation wird durch Harrys geistesgegenwärtiges schnelles Handeln, die richtige Anwendung des gerade gelernten Zauberspruchs Wingardium Leviosa durch Ron, sowie durch Hermines unverfrorene Lüge gerettet. Diese Episode zeigt exemplarisch, dass gemeinschaftliches Handeln nötig ist, um erfolgreich zu sein.

Seit jenem Ereignis wissen die Jungen, dass Hermine geschickt lügen kann und durchaus nicht alle Regeln blind befolgt. Dennoch erstaunen Hermines Regelüberschreitungen die Freunde bis ans Ende ihrer Schulzeit immer wieder. Sei es beim Brauen des Vielsafttrankes im zweiten Jahr oder vor Beginn des letzten Jahres, als herauskommt, dass sie die Bücher über Horkruxe mittels eines Aufrufezaubers aus Dumbledores Büro geholt hat, Hermines Initiativen überraschen sie.

Sogar Snape, der Hermines Besserwisserei nicht ausstehen kann, verdächtigt immer Harry, Zutaten für Zaubertränke aus seinem Schrank gestohlen zu haben. Dabei war es im zweiten Jahr Hermine. Doch für die Lehrer ist es undenkbar, dass diese eifrige Schülerin, die sich nicht einmal durch ständige Missachtung und gemeine Bemerkungen entmutigen lässt, soweit gehen kann, zu lügen und zu stehlen.

Mehrere Male im Laufe der Jahre erklärt Hermine den Freunden die psychologischen Gründe für das Verhalten von Mitschülern. Dieses Gespür für Emotionen nutzt sie auch, um Ron eifersüchtig zu machen, als er im sechsten Jahr mit Lavender geht. Ihre eigenen Gefühle gibt sie selten preis. Wenn sie einmal weint, scheint sie sich mit Vorliebe in das Klo der Maulenden Myrte zurückzuziehen. Luna konstatiert es, in ihrer lakonischen Art: *„Erst dachte ich, dadrin wär die Maulende Myrte, aber dann war es Hermine."*[16] Dort geht niemand gerne hin, und da das Gespenst ständig jammert, kümmert sich niemand um Weinen in ihrer Toilette.

Hermine ist nicht nur eine gute Beobachterin, die mitdenkt, sie geht auch systematisch den Dingen auf den Grund, sei es bei der Suche nach Slytherins Monster oder als die Journalistin Rita Kimmkorn sie diffamiert. Immer verfolgt sie ihr Ziel über Monate, ohne sich von anfänglichen Misserfolgen entmutigen zu lassen. Alle diese Eigenschaften sind notwendig, damit die drei Freunde ihre Abenteuer erfolgreich bestehen.

8.4.1. Ron

Ron Weasley ist der sechste und jüngste Sohn der Familie Weasley. Ron hat einen starken Minderwertigkeitskomplex. Er hat so viele große Brüder, dass es fast unmöglich scheint, etwas zu tun, was nicht schon einer von ihnen früher geleistet hätte. Ständig wird er mit ihnen verglichen, und dazu kommt noch, dass seine Zwillingsbrüder Fred und George nie mit Spott sparen. Als Ron Haussprecher wird, sind die Eltern stolz, während die Zwillinge sarkastische Bemerkungen machen und alles tun, um ihm seinen Posten zu verleiden. Ron hat dem nichts entgegenzusetzen, während

---

[16]Bd 6, S. 313

Hermine schnell den schwachen Punkt der beiden findet. Sie droht, ihre Mutter zu benachrichtigen. Ron steht fast durchgehend in Harrys Schatten, wogegen er nur selten aufbegehrt. Er scheint überzeugt zu sein, weniger zu können als Harry, obwohl mehrfach angedeutet wird, dass seine schulischen Leistungen besser sind. Sogar wenn ihm etwas gut gelingt, widersteht er nicht der Versuchung, sich schlecht zu machen, zum Beispiel beim Quidditch. Wenn niemand zusieht, spielt er gut. Doch sowie er nervös wird, geht alles schief. Als er beim Training einen spektakulären Fang macht, ist er nicht etwa stolz auf das Ergebnis, sondern unterstreicht den zufälligen Charakter seines Erfolgs.[17] Ihren Höhepunkt erreicht seine Unsicherheit während der einsamen, lange erfolglosen Suche der drei Freunde nach Horkruxen. Während sie nicht einmal wissen, wie sie den einzigen, den sie gefunden haben, zerstören sollen.

Um das Medaillon mit dem Horkrux nicht wieder zu verlieren, tragen sie es abwechselnd. Das Objekt verstärkt alle Gedanken des Versagens bei seinem Träger und hat auf Ron verhängnisvollen Einfluss. Ron verlässt seine Freunde. Als er es endlich schafft, Dank Dumbledores Deluminator zurückzukommen, fordert Harry ihn auf, das Medaillon mit Gryffindors Schwert zu zerschlagen. Ron muss sich seinen Dämonen stellen.[18] Denn Riddles Seelenteil, einzig an sich selbst interessiert, spricht alle Argumente, die Ron im Stillen jahrelang gegen sich selbst vorgebracht hat, unter Harrys und Hermines Gestalt aus. Fast bekommt der Horkrux Ron in seine Gewalt. Durch Ron will er Harry töten, wie das rote Glimmen in Rons Augen signalisiert. Doch Rons Widerstandskraft gegen Voldemort ist größer als er wohl selbst geglaubt hätte. Harry, auf der Hut, bringt sich in

---

[17]siehe Bd 5, S. 472
[18]Bd 7, S. 384-386

Sicherheit. Doch der Horkrux kann Rons Loyalität nicht zerstören. Unter enormer Willensanstrengung stößt er das Schwert in das Medaillon. Aus dieser Prüfung geht er gestärkt hervor. Er wird selbstsicherer, verteidigt sich gegen Hermines verbale Angriffe und übernimmt Verantwortung für den gemeinsamen Auftrag. Als Harry fast die Suche nach den Horkruxen vergisst, weil er nur noch an die Heiligtümer des Todes denken kann, die ihm das Überleben garantieren könnten, übernimmt Ron die Führung.

8.5. Zu seinen Überzeugungen stehen

Obwohl Harry in Hogwarts treue Freunde findet, führt seine Lebensgeschichte dazu, dass sie ihn nicht immer ganz verstehen können. Am Anfang seines fünften Schuljahres, als wieder einmal die Mehrheit der Schüler ihm aus dem Weg geht, glaubt er, nur sein Pate Sirius könne ihn verstehen, war er doch zwölf Jahre im Gefängnis für eine Tat, die er nicht begangen hatte.[19] In jener Zeit ist er ausgesprochen reizbar und schlecht gelaunt. Sogar seine Freunde fährt er an, sodass sie gezwungen sind, ihn daran zu erinnern, dass sie weiterhin zu ihm stehen.[20]

Weder der Gruppendruck noch die grausamen Strafen einer Dolores Umbridge bringen Harry dazu, um des Friedens willen seine Überzeugungen zu verraten. Voldemort, der Harrys Eltern getötet und ihn fürs Leben gezeichnet hat, versucht weiterhin, ihn zu töten. Es ist Harry unmöglich, dies zu leugnen. Alles, was er durchleiden muss, sieht Harry von dieser Warte aus. All die täglichen Schwierigkeiten sind Folgen von Voldemorts Morden.

---

[19] Bd 5, S. 353-354
[20] z. B.: Bd 5, S. 263 u. S. 279

8. Harry Potter

Interessanterweise führt dies nicht zu blindem Hass auf Voldemort, mit dem Wunsch, nun seinerseits zu töten. Immer bleibt Harry zum Mitleiden fähig, behält ein kindlich unschuldiges Wesen. Es ist ihm auch immer nur allzu deutlich bewusst, dass er ein einfacher Schüler der Zauberei ist, und sein Gegner ein großer, nach Dumbledore der größte lebende Zauberer ist. Um solch einem Gegner zu entkommen, ist es besser, auf List zu setzen als auf die Kraft seiner Zauber. Angriffszauber sind nicht Harrys Sache.

Regelmäßig wird Harry mit seiner Andersartigkeit konfrontiert. Angefangen mit den Versuchen der Dursleys, ihm die Magie auszutreiben, ohne ihm zu sagen, wofür er bestraft wird. Im zweiten Jahr in Hogwarts stellt sich heraus, dass das Sprechen der Schlangensprache, Parsel, auch in der Zaubererwelt mit Argwohn betrachtet wird. Die Schlangensprache sprechen, wird als Zeichen schwarzer Magie angesehen. Für Harrys Mitschüler steht es fest: da Harry Parsel spricht, muss er das Monster losgelassen haben. Deshalb gehen sie ihm aus dem Weg. Nur die Weasley-Kinder und Hermine halten zu ihm. Harry hat keine Möglichkeit, den Irrtum richtigzustellen, denn nur er hört die körperlose Stimme, was, wie Ron hervorhebt, kein gutes Zeichen ist: *„Stimmen zu hören, die niemand sonst hören kann, ist kein gutes Zeichen, nicht einmal in der Zaubererwelt."*[21] Aber Ron steht zu seinem Freund. Dies ändert sich, als Harry zwei Jahre später unvermutet am Trimagischen Turnier teilnehmen muss. Ron ist eifersüchtig und felsenfest davon überzeugt, dass Harry einen Weg gefunden hat, seinen Namen in den Feuerkelch zu werfen, obwohl er nicht alt genug ist. Dass diesmal viele Gyffindorschüler zu ihm stehen, bedeutet Harry wenig, gegenüber dem Verlust von Rons Freundschaft. Aber er weigert sich auch jetzt Kon-

---

[21]Bd 2, S. 152

zessionen zu machen. „*Ich lauf ihm doch nicht nach (...) Vielleicht glaubt er mir erst dann, dass ich es nicht zum Spaß mache, wenn ich mir den Hals breche oder-*"[22]

Später im Jahr stellt ihn die Sensationsjournalistin Rita Kimmkorn als psychisch gestört hin, sodass seine Versicherung, er habe die Wiederkehr Voldemorts miterlebt, als Hirngespinst eines geltungsbedürftigen Jugendlichen abgetan wird. Diese Meinung macht sich die neue Lehrerin Dolores Umbridge zu eigen. Sie hält es für ihre Aufgabe, dem Jungen die offizielle Sicht der Dinge, Harry erzähle Lügen, aufzwingen. So lässt sie Harry nachsitzen und zwingt ihn, sich den Satz „*Ich soll keine Lügen erzählen*" in seinen Handrücken zu schneiden.[23] Trotz dieser Folter steht er weiter zu seinen Überzeugungen. In den folgenden Monaten und Jahren sind ihm die Narben ein ständiger Ansporn weiterzumachen.[24] Umbridge hoffte, Harry zum Schweigen zu bringen. Das Gegenteil ist der Fall. Sein Wille zur Wahrheit wird, falls überhaupt möglich, noch weiter gefestigt. Harry Potter ist nicht bereit, seine Überzeugungen zu verraten. Dort, wo der feige Peter Pettigrew lieber seine Freunde verrät als stirbt,[25] hält er es mit seinem Vater und Paten: lieber sterben als die eigenen Überzeugungen zu verleugnen oder seine Freunde zu verraten.

---

[22] Bd 4, S. 303
[23] Bd 5, Kapitel: „Strafarbeit bei DoloresSS. 314 ff
[24] z.B. Bd 7, S. 229 „*Die Narben auf seinem rechten Handrücken schienen erneut zu brennen.*"
[25] Bd 3, S. 387

8.6. Menschliches Verhalten gegen Feinde

In den ersten zwei Schuljahren sind die Abenteuer, die Harry und seine Freunde bestehen, klassischer Art. Es müssen zwar tödliche Gefahren gemeistert werden, menschliche und tierische Feinde versuchen Harry und andere Schüler zu töten, doch nie stellt sich die Frage der moralischen Integrität der Jugendlichen. Dies ändert sich im dritten Band. Bisher hasst er Voldemort, den Mörder seiner Eltern. Jetzt hasst er auch Sirius Black, da er glaubt, dieser trage Mitschuld an der Tat. Sirius war der beste Freund seines Vaters. Als Harry dem wehrlosen Verräter gegenüber steht, will er ihn mit Zauberkraft töten, obwohl er doch noch gar keinen tödlichen Zauberspruch kennt. Aber kaltblütiger Mord ist nicht so leicht.

> „Harry hob den Zauberstab. Die Zeit war gekommen. Dies war der Augenblick, Vater und Mutter zu rächen. Er würde Black töten. Er musste Black töten. Dies war seine Chance ...
>
> Und die Sekunden zogen sich in die Länge, und immer noch stand Harry wie angewurzelt da, den Zauberstab umklammert."[26]

Er muss erkennen, dass er kein Mörder ist, ja nicht einmal Mitschuld an einem Mord tragen will. Als kurz danach der wahre Verräter seiner Eltern demaskiert wird, plädiert er für dessen Leben. Im Jahr darauf erfährt er, wie der Todesfluch lautet, mit dem Voldemort seine Eltern umbrachte. Avada kedavra ist ein verbotener Fluch. Wie Moody hervorhebt, reicht es jedoch nicht, die Formel zu kennen, da-

---

[26]Bd 3, S. 356

mit der Zauber wirkt.[27] So erstaunt es nicht, dass Harry
gar nicht erst versucht, diesen Fluch anzuwenden, als er gezwungen wird, sich mit Voldemort zu duellieren. Er benutzt
einen Entwaffnungszauber, den er schon zwei Jahre zuvor
erfolgreich angewandt hatte.

Als er gegen Bellatrix den Cruziatozauber ausspricht,
lacht sie nur und rät ihm *„Du musst wirklich Schmerz zufügen wollen - es genießen - gerechter Zorn wird mir nicht
lange wehtun ..."*[28] Doch Harry empfindet kein sadistisches
Vergnügen daran, andere Menschen zu quälen. Zu lange
hat ihn sein Vetter misshandelt, als dass er nun selbst willentlich zum Peiniger werden könnte. Das heißt nicht, dass
er ein Engel ist. Gegen Draco Malfoy benutzt er *Sectum
Sempra* mit schrecklichen Folgen. Er weiss nur, dass das
ein guter Fluch gegen Feinde sein soll. Doch wenn Snape,
der den Fluch perfekt beherrscht, das Ausmaß der ausge-
lösten Verletzungen kontrollieren kann und vor allem auch
den heilenden Gegenspruch kennt, so legt Harry nur seinen ganzen Hass auf Draco in den Fluch, was Verletzungen
im Gesicht und am ganzen Oberkörper auslöst. Harry ist
entsetzt. Das hat er nicht gewollt.[29] Allerdings hat er den
Fluch sehr wohl ausgesprochen in der Absicht zu verletzten,
trotz aller Warnungen Hermines, die nicht Harrys blindes
Vertrauen in die Qualitäten des Halbblutprinzen hat. Hermine sieht sehr wohl dessen niederträchtige Züge, dort wo
Ron und Harry nur lustige Streiche sehen. So hat Harry im
Denkarium gesehen, wie man jemanden demütigen kann,
indem man ihn kopfüber in der Luft hängen lässt. Aber als
er den Zauber an Ron probiert, findet der ihn zuerst lustig.

---

[27]Bd 4, S. 228
[28]Bd 5, S. 951
[29]Bd 6, S. 529

Doch schließlich versteht er, was Bellatrix meinte, und fühlt jenen zerstörerischen Hass, der unlöslich mit den unverzeihlichen Flüchen verbunden ist. Jetzt will er einen dieser Flüche gegen Snape benutzen, der ihn jedoch abblockt.[30] In dieser Situation ist Harry überzeugt, seinem verhassten Lehrer wirklich Qualen zufügen zu wollen. Aber hätte der Zauber wirklich mehr Erfolg gehabt als bei Bellatrix ein Jahr zuvor? Severus Snape glaubt es nicht. Es liegt nicht im Charakter des Jungen. *„Du hast weder den Mut noch die Fähigkeit -"*. Er wird Recht haben. Harry hat keinerlei sadistische Neigungen. Ihm fehlt auch die Boshaftigkeit eines Draco Malfoy. Die Autorin macht sichtlich einen Unterschied zwischen Handlungen, die aus impulsiver Wut begangen werden, die durchaus manchmal dramatische Folgen haben, und vorsätzlicher Grausamkeit, die es braucht, um einen unverzeihlichen Fluch erfolgreich auszusprechen.

Kurz vor dem Kampf um Hogwarts versteht Harry schließlich, in welcher Gemütsverfassung man sein muss, um den Cruciatozauber erfolgreich anzuwenden. Neville und andere haben ihm erzählt, dass die neuen Lehrer Alecto und Amycus Carrow die Schüler zwingen, Crucio an Mitschülern zu üben. Als Amycus kurz darauf Minerva McGonagall bedroht und anspuckt, verteidigt er seine Hauslehrerin, indem er Amycus Carrow mit dem Fluch belegt.[31] Auch diesmal benutzt der Junge Crucio, weil er wütend ist. Aber er will sich nicht für ein erlittenes Leid rächen, sondern die Lehrerin gegen einen Todesser verteidigen. So ist sie auch nicht entsetzt darüber, dass er einen der unverzeihlichen Flüche ausspricht, sondern anerkennt seine Ritterlichkeit.

Im vierten Band zeigt sich ein weiterer Zug in Harrys Charakter. Als Teilnehmer am Trimagischen Turnier soll er

---

[30] Bd 6, S. 607
[31] Bd 7, S. 601

die drei anderen Kandidaten als seine Gegner betrachten
und nur auf seinen eigenen Vorteil im Wettkampf bedacht
sein, also auf keinen Fall einen Informationsvorsprung weitergeben. Doch genau das tut er. Dass er Cedric Diggory
von den Drachen erzählt, hat zur Folge, dass Cedric sich
revanchiert und Harry einen Tipp für die nächste Turnier-
runde gibt. Harrys Uneigennützigkeit und Sorge um das
Wohlergehen seiner Mitmenschen wird besonders bei den
Abenteuern im Labyrinth deutlich. Das Leben seiner Kon-
kurrenten bedeutet ihm mehr als ein Pokalsieg.[32]

In der Folge macht sich Voldemort diesen Charakterzug
zunutze, um Harry eine Falle zu stellen. Man könnte nun
daraus folgern, dass Nächstenliebe im günstigsten Fall neutrale Folgen hat, oft jedoch nur Nachteile bringt. Damit
wäre man ganz auf der Linie Voldemorts und seiner Todesser. Diese Sicht wird im letzten Band widerlegt. Als
Wurmschwanz Harry erwürgen will, erinnert ihn der Junge
daran, dass er in seiner Schuld steht. Das hat überraschende Folgen. Pettigrew wird von seiner eigenen Zauberhand
erwürgt.[33] Aus Voldemorts Sicht ist das nur folgerichtig.
Mitleid hat in seiner Welt keinen Platz. Aber gerade weil
Voldemort Mitleid mit dem Tod bestraft, kann Harry wider
Erwarten fliehen. Ohne es zu wollen, vereitelt Voldemort
seine eigenen Wünsche. Anders als Albus Dumbledore versteht er nicht, wie komplexe Empfindungen die Handlungen
seiner Mitmenschen beeinflussen können.

Auch Zauberer, die Harry wohlwollend gegenüberstehen,
begegnen seiner Menschenliebe mit Skepsis. Daher ordnet
Dumbledore an, dass Harry Okklumentik lernen soll. Im
Rückblick erkennt er, dass Harrys offenes Wesen es Voldemort wohl ermöglicht, in seinen Geist einzudringen. Aber

---

[32] Bd 4, Kapitel: „Die dritte Aufgabe"
[33] Bd 7, S. 478

dass Harrys Einfühlungsvermögen, seine Emotionen, es Voldemort unmöglich machen, endgültig von Harrys Geist Besitz zu ergreifen. Für ihn ist es unerträglich qualvoll, Harrys Gefühle ebenfalls zu fühlen.[34] Ein Jahr darauf ist Lupin kategorisch: *„Harry, die Zeit des Entwaffnens ist vorbei! Diese Leute wollen dich fangen und töten!"*[35] Harrys Weigerung zum Mörder zu werden, ist ebenfalls unerschütterlich. So benutzt er auch im entscheidenden letzten Duell gegen Voldemort den Entwaffnungszauber Expelliarmus.

8.7. Kenntnis seiner Herkunft als Voraussetzung für die Zukunft

Bis Harry nach Hogwarts kommt, glaubt er, seine Eltern seien bei einem Autounfall ums Leben gekommen. Dies ist die einzige Information, die er überhaupt über sie hat. Erst nach und nach nimmt seine Geschichte über Jahre hinweg Konturen an. Weiß er erst nur, dass ein Fluch sie getötet hat, so hört er zwei Jahre später, unter dem Einfluss der Dementoren, ihre letzten Worte. Hagrid gibt ihm ein Photoalbum mit Bildern der Eltern und ihrer Freunde. So sind sie nicht mehr isolierte Punkte in der Vergangenheit, sondern ihre damaligen Freunde verbinden sie mit Harrys Gegenwart. Im Album sind keine Bildunterschriften, und Harry ist zuerst auch nur an den Abbildungen der Eltern interessiert. Die sie umgebenden Personen nimmt er erst wahr, als er zufällig erfährt, dass der gesuchte Sirius Black ein Freund seines Vaters war. Wieder zwei Jahre weiter, sieht er in Snapes Erinnerung einen neuen wenig liebenswürdigen Wesenszug seines Vaters. Wusste er schon nach einem Jahr

---

[34]Bd 5, S. 990-991
[35]Bd 7, S. 76

in Hogwarts, dass Snape und James Potter sich nicht ausstehen konnten, so muss er jetzt erkennen, dass Snape nicht lügt, wenn er Harrys Vater als arrogant bezeichnet. Doch das ganze Ausmaß der Verbindung zwischen James, seinen Freunden Severus Snape und Lily Evans, kommt erst mit den Lebenserinnerungen Snapes ans Licht. Je mehr Harry über die Vergangenheit erfährt, desto besser entwickelt sich seine Selbsterkenntnis. War er erst nur stolz James' Sohn zu sein, zufrieden als charaktergleich angesehen zu werden, so revidiert er seine Haltung später. Er gewinnt Abstand und erlangt Freiheit, als ihm deutlich wird, dass sein Vater Charakterzüge hatte, die er nicht nur nicht hat, sondern auch ablehnt. Der Essayist Pascal Bruckner drückt es folgendermaßen aus: *„Das Wiederfinden der Erinnerung ist der erste Schritt in die Freiheit: Sich emanzipieren ist zuvorderst eine Vereinigung mit den Traditionen, sei es, um sich in der Folge von ihnen zu lösen oder sie zu relativieren."*[36] Wenn der elfjährige Harry noch ganz wie sein Vater sein will, so nimmt er, wie alle Jugendlichen, schließlich Abstand von ihm. Um erwachsen zu werden, ist es unabdingbar, sich vom gleichgeschlechtlichen Elternteil zu differenzieren, sich aus der inneren Bindung zu lösen. Als Molly Weasley Sirius vorwirft, Harry mit seinem Vater zu verwechseln, weiß Harry nicht, was daran falsch sein soll. Erst als er von James' Verhalten Severus Snape gegenüber erfährt, wird ihm klar, um was es geht.[37]

Harry hat das Handicap aller Kinder, die nicht von ihren eigenen Eltern großgezogen werden können. Ihm fehlen wesentliche Informationen zu seiner Herkunft und der

---

[36] Pascal Bruckner: La tentation de l'innocence. Essai. Grasset, 1995, p. 244 „Le recouvrement de la mémoire est la première étape de la liberté: s'émanciper c'est d'abord rejoindre ses traditions, fût-ce ensuite pour s'en détacher ou les relativiser."
[37] Bd 5, S. 110 und 784

Familiengeschichte. Dank Dumbledores Entscheidung, ihn bei seiner Tante unterzubringen, wird er jedoch auch davor bewahrt, seinem glücklichen Überleben übermäßige Bedeutung beizumessen. Als er mit elf Jahren erfährt, dass er wegen seines glücklichen Überlebens in der Welt der Zauberer berühmt ist, haben die schwierigen Lebensbedingungen bei den Dursleys ihn schon entscheidend geprägt. So ist es für ihn und seine Selbstachtung wichtig zu erfahren, dass seine Eltern angesehene Zauberer waren, talentiert und mutig dazu. Obwohl sie tot sind, sind sie, besonders sein Vater, ihm Vorbilder, denen er nacheifern möchte. Doch ist er kein Draufgänger, wie sein Vater und Sirius es waren. Er hat zu viele Menschen verloren, als dass er bewusst so handeln würde. Ein Verhalten, dass dazu führen könnte, dass er auch seinen Paten verliert, lehnt er strikt ab. Auch wenn Harry Sirius dadurch enttäuscht.[38]

All die Jahre hat Harry nie den Wunsch geäußert, sein Elternhaus zu sehen. Nach Dumbledores Tod beschließt er, im nächsten Jahr nicht in die Schule zurückzukehren, sondern sobald er volljährig ist, noch vor der Suche nach weiteren Horkruxen den Ort seiner Geburt und das Grab seiner Eltern aufzusuchen.[39] Die Rückkehr nach Godrics Hollow, wo er sein zerstörtes Elternhaus sieht und wieder nur knapp Voldemort entkommt, führt dazu, dass er mit Voldemorts Augen den ersten Mordversuch noch einmal erleben muss. Wird ihm in jenen Stunden bewusst, dass er wahrscheinlich einen Teil seines Feindes in sich trägt? Im Buch wird es nicht erwähnt. Doch die Ereignisse in der Weihnachtsnacht sind entscheidend für den weiteren Verlauf der Geschichte. Es ist aufschlussreich, dass Harry und Hermine ausgerechnet zu Weihnachten in das Dorf kommen. Zuerst

---

[38] Bd 5, S. 359-360
[39] Bd 6, S. 654

wird suggeriert, dass die Suche leicht und erfolgreich sein wird. Es schneit, die Menschen in der Kirche und im Gasthaus singen Weihnachtslieder, doch dann wird es dunkel auf dem Friedhof. Dies ist nicht eine Nacht harmonischen Neubeginns.

Die Weihnachtsnacht ist die längste, dunkelste Nacht des Jahres. Für die Helden wird es eine Reise ins Grauen, der Beginn der entscheidenden Prüfungen. In einigen Kulturen folgen auf diese Nacht drei Tage der Prüfung. *„Den drei Tagen des Dunkelmondes entsprach in den Einweihungsmysterien der Ägypter und Griechen jene Zeitdauer, in der die Kandidaten in einem dunklen Raum völlig auf sich selbst gestellt und schlimmen Gefahren und Versuchungen ausgesetzt verbringen mussten."* [40] Auch Novizen müssen drei Tage in Klausur verbringen. So sind auch für Harry, Hermine und Ron die folgenden Tage entscheidend. Gerade dem Tod entronnen, erfährt Harry, dass sein Zauberstab bei der Flucht durch Hermines Stab zerbrochen wurde. Harry verübelt es ihr. Doch andererseits ist er nur Dank ihrer Hilfe überhaupt noch am Leben. Hinzu kommt, dass sie Dumbledores Biographie aus Batildas Haus mitgenommen hat, sodass Harry endlich erfährt, was sein Held Dumbledore in seinem Alter tat. Er muss verarbeiten, dass Dumbledore damals eine Macht anstrebte, die der Voldemorts verdächtig ähnlich ist. In der dritten Nacht führt die silberne Hirschkuh Harry zu Gryffindors Schwert. Ron kommt gerade rechtzeitig hinzu, um Harry vor dem Ertrinken zu retten und durch den Horkrux erwürgt zu werden. In drei Nächten hat Voldemort zweimal versucht, ihn zu töten, was durch seine zwei treuen Freunde jedesmal vereitelt wird. Die

---

[40] Beat Imhof: Weihnacht - Nacht der Einweihung. `http://www.wegbegleiter.ch/wegbeg/imhoweih.htm`, konsultiert 11.9.13)

Freundschaft der Helden geht gestärkt aus diesen Nächten hervor.

Nach Monaten der Mutlosigkeit kommt neue Hoffnung auf, die Horkruxe zu finden und zu zerstören. Harry hadert nicht länger mit Dumbledore. Allerdings kümmert er sich nach der Entdeckung der Existenz der Heiligtümer des Todes auch nicht mehr um die Suche. Trotz Hermines Ermahnung *„Dumbledore hat dir ganz klare Anweisungen hinterlassen: Finde und zerstöre die Horkruxe! [...] vergiss die Heiligtümer des Todes,"*[41] denkt er an nichts anderes mehr. Harry ist bewusst, dass er sterben muss, wenn es ihm nicht gelingt, alle Horkruxe und schließlich Voldemort selbst zu töten. Er hofft, der Besitz der Heiligtümer könne ihn als Sieger aus der Konfrontation hervorgehen lassen. *„Heiligtümer gegen Horkruxe? Gab es am Ende doch eine Möglichkeit, dafür zu sorgen, dass er derjenige war, der den Sieg davontrug? Wenn er der Gebieter der Heiligtümer des Todes wäre, wäre er dann gerettet?"*[42] Fast drei Monate lang denkt er an nichts Anderes mehr. Er ist wie sein Feind ganz vom Elderstab besessen. Voldemort will ihn, weil es der mächtigste aller Zauberstäbe sein soll, und Harry, weil er mit ihm im Besitz aller drei Heiligtümer wäre. Er hofft, so dem Tod entfliehen zu können. Er interpretiert den Bibelspruch auf dem Grabstein seiner Eltern: *„Der letzte Feind, der zerstört werden wird, ist der Tod"* innerweltlich.[43]

Man darf jedoch den Kontext des Spruches nicht übersehen. Im Korintherbrief geht es um das christliche Versprechen der Auferstehung. Da Jesus für die Menschen starb, ist der Tod nicht mehr das Ende. Am Ende der Zeiten wird der Tod überwunden sein, und die Menschen werden vom

---

[41]Bd 7, S. 441
[42]Bd 7, S. 437-438
[43]Bd 7, S. 444 Bibelzitat 1 Korinther 15:26

Tod erweckt werden. Der Besitz der Heiligtümer des Todes kann nicht den Tod verhindern, nur ist der Tod in der
christlichen Religion nicht endgültig. Harrys Entschluss zu
kämpfen, auch wenn es seinen Tod bedeuten sollte, fällt in
diese Periode. Er überlässt Voldemort den Elderstab und
nimmt die Möglichkeit seines eigenen Todes prinzipiell an.
Jedes der folgenden Ereignisse verstärkt seinen Entschluss.
*„Ich werde weitermachen, bis ich mein Ziel erreicht habe -
oder sterbe. Glauben Sie nicht, dass ich nicht weiß, wie das
enden könnte. Ich weiß es seit Jahren."*[44] Doch als Harry
dies sagt, kennt er noch nicht die ganze Wahrheit. Er glaubt
noch, dass entweder er oder Voldemort sterben muss. Besagt die Prophezeiung doch: „ *... und der Eine muss von der
Hand des Anderen sterben, denn keiner kann leben, während
der Andere überlebt ... "*[45] Nach Snapes' Tod erfährt er, dass
einer von Voldemorts Horkruxen in ihm verborgen ist. Dadurch bekommt die Weissagung einen neuen Sinn - beide
werden sterben bei dem Versuch sich gegenseitig zu töten.
Voldemort weiß das nicht, weshalb er nie seine Verfolgung
des Jungen aufgeben wird. Auch Harrys Aufgabe: die Horkruxe finden und zerstören, damit Voldemort selbst wieder
sterblich ist, scheitert, wenn Harry die Flucht ergreift. Harry stellt sich seinem Gegner mit der Gewissheit zu sterben.
Dadurch wird die letzte Entscheidung, Voldemort kampf-
los entgegen zu treten, nicht leichter. *„Grauen überflutete
ihn [...] würde es wehtun, zu sterben?"*[46] Aber er denkt
nicht an Flucht. Über sieben Jahre hat er alles über seine
Geschichte, seine Herkunft und seine enge Verbindung zu
Voldemort erfahren. Zu erkennen, dass Albus Dumbledore
ihm all sein Wissen weitergegeben hat, nur damit er endlich

---

[44]Bd 7, S. 578
[45]Bd 5, S. 987
[46]Bd 7, S. 699

stirbt, ist nicht mehr von Belang. Wenn sein Tod der Preis ist, um Voldemorts Krieg zu beenden, so ist er bereit, ihn anzunehmen für das Wohl aller.

Diese Annahme des Todes ist letztendlich Voraussetzung für Harrys Überleben. Harry meistert seine Angst vor dem Tod, wodurch Voldemorts Todesfluch nur dessen Horkrux tötet. Wie Dumbledore ein Jahr zuvor gesagt hatte, ist es gefährlich, ein lebendes Wesen in einen Horkrux zu verwandeln. Hier wird die entscheidende Gefahr sichtbar. Bisher war Harrys Lebenswille, sein Wunsch einen Kampf zu überleben, genauso intensiv wie der Lebenswille des Horkruxes in ihm, was zum Beispiel zu dem erstaunlichen Verhalten seines Zauberstabs am Jahresanfang führte. Jetzt am Ende will der Horkrux überleben, während Harry, sein Träger, den Tod angenommen hat. Dies führt zum magischen Schutz Harrys. Voldemort in seiner Angst vor dem Tod tötet, ohne sich dessen bewusst zu sein, einen Teil seiner eigenen Seele. Dieser Mord schwächt ihn entscheidend, noch bevor Nagini, sein einziger noch lebender Horkrux, getötet wird. Harry dagegen geht aus dem Nahtoderlebnis gestärkt hervor, seiner selbst gewiss, doch nicht überheblich. Wie der Epilog zeigt, gliedert er sich in die magische Gemeinschaft ein als gleicher, ohne den Wunsch, als ein aussergewöhnlicher Mensch verehrt zu werden. Das Starren seiner Mitmenschen hat nicht mehr Einfluss auf ihn als in seiner Jugend. Er nimmt es einfach hin. Dadurch entgeht er dem Schicksal der mythologischen Helden.

8.8. Träume

Das Thema der Träume in dem Romanzyklus ist nicht eigentlich zentral, wenn man von Harrys Visionen absieht, jedoch ein interessanter Aspekt der Geschichten. Denn Harry

Potter träumt viel. In jedem Band, oft schon in den ersten Kapiteln, hat er einen wichtigen Traum.

Wie immer in Romanen, sind die Träume auch hier kein überflüssiges Beiwerk, sondern wichtiger Handlungsteil. In gewisser Weise stehen die Träume des Helden im Kontrast zu seinem wachen Unverständnis der Wahrsagekunst. Regelmäßig geben sie Hinweise auf die Zukunft, aber auch, ganz wie im realen Leben, Interpretationshilfen für Ereignisse der Vergangenheit. Dies wird schon beim allerersten Traum deutlich.

Als wir Harry Potter kennenlernen, wird er gerade von seiner Tante geweckt. Vage erinnert er sich an einen Traum von einem fliegenden Motorrad. Für ihn ist es nur ein schöner Traum. Nicht so für Onkel Vernon, der, als er davon hört, fast einen Autounfall verursacht.[47] Er weiß ja, im Gegensatz zu Harry, von dessen magischer Herkunft. Der Traum ist für ihn nicht nur ein Traum, sondern deutliches Zeichen für das Vorhandensein dieser verzweifelt geleugneten magischen Welt im Unterbewussten Harrys. Wie Onkel Vernon, weiß auch der Leser, dass das fliegende Motorrad kein bloßer Traum ist, sondern Reminiszenz an Harrys Ankunft bei den Dursleys zehn Jahre zuvor. Harry selbst vergisst den Traum und Onkel Vernons Reaktion nie. Beim endgültigen Abschied von den Dursleys sechs Jahre später erinnert er sich noch einmal daran.[48]

Der zweite Traum Harrys, in seiner ersten Nacht in Hogwarts, spricht scheinbar von der eben erfolgten Verteilung der Schüler auf die vier Häuser, in Wahrheit aber von der Zukunft.

„Vielleicht hatte Harry ein wenig zu viel gegessen, denn er hatte einen sehr merkwürdigen

---

[47]Bd 1, S. 32
[48]Bd 7, S. 50

Traum. Er trug Professor Quirrells Turban, der
ständig zu ihm sprach. Er müsse sofort nach
Slytherin überwechseln, das sei sein Schicksal;
der Turban wurde immer schwerer; Harry versuchte ihn vom Kopf zu reißen, doch er zog sich
so eng zusammen, dass es wehtat. Und da war
Malfoy, der ihn auslachte, jetzt verwandelte sich
Malfoy in den hakennasigen Lehrer Snape, dessen Lachen spitz und kalt wurde - grünes Licht
flammte auf und Harry erwachte zitternd und
in Schweiß gebadet. Er drehte sich auf die andere Seite und schlief wieder ein, und als er am
nächsten Morgen aufwachte, erinnerte er sich
nicht mehr an den Traum."[49]

Harry vergisst seinen Traum sofort wieder. Dass er trotz-
dem berichtet wird, zeigt, dass es sich auch um eine Information an den Leser handelt. Diesem wird nahegelegt, dass
die Gefahr nicht von Snape ausgeht, sondern von Quirrel
und dem Turban, der im Traum ein Eigenleben zu führen
scheint. Erzähltechnisch ist der Abschnitt so geschickt ge-
staltet, dass der Leser, obwohl er nicht schläft, den Traum
- zumindest jenen Teil, der Quirrels Turban betrifft - un-
beachtet lässt und wie Harry seine ganze Aufmerksamkeit
auf den vom Helden für schuldig befundenen Snape richtet.
Wenn man diesen Traum mit dem Wissen aus den Heiligtümern des Todes liest, erkennt man, dass hier ein Bild der
engen Beziehung Harrys und Voldemorts gegeben wird. Unter dem Turban ist Voldemort versteckt. Dass er auf Harrys Kopf sitzt, von dem ihn der Träumer nicht lösen kann,
deutet auf die Verbindung der Romanfiguren hin und lässt

---

[49]Bd 1, S. 143-144

ahnen, dass diese im Laufe der Jahre immer stärker und eine große Bürde für den Helden werden kann.

Natürlich kann man argumentieren, dass es nur ein Traum ist und dass Harry von der einen Minute unter dem Sprechenden Hut so tief beeindruckt war, dass er ihn bis in seine Träume verfolgt, wobei Hut und Quirrels ungewöhnlichem Turban verschmelzen. Erst am Ende des siebten Bandes kommt die ganze schreckliche Wahrheit ans Licht. Der Sprechende Hut muss den kleinen Teil von Voldemorts Seele in Harry erspürt haben, der durch und durch Slytherin ist. Dieses kleine Stück Voldemorts würde Harry gerne in Slytherin sehen, doch nicht nur das, es würde auch gern Besitz von Harrys Körper ergreifen, ihn vernichten, um wieder zu einem Körper zu kommen. Nur weiss der kaum noch lebendige Teil Voldemorts unter dem Turban nicht, dass er einen Teil seiner Seele in Harry verloren hat.

In seinem zweiten Jahr in Hogwarts träumt Harry nicht. Nur während der Sommerferien bei den Dursleys hat er einen beunruhigenden Traum, der die Szene vor dem Schlangenkäfig im Zoo aus dem ersten Band wieder aufnimmt.

> „Ihm träumte, er würde in einem Zoo ausgestellt, in einem Käfig mit dem Schild „Minderjähriger Zauberer". Leute glotzten durch die Gitter des Käfigs, wo er hungernd und geschwächt auf einer Strohmatte lag. Er sah Dobbys Gesicht in der Menge und schrie um Hilfe, doch Dobby rief: „Hier ist Harry Potter in Sicherheit, Sir!" und verschwand. Dann tauchten die Dursleys auf und Dudley rüttelte an den Gitterstäben und lachte ihn aus."[50]

---

[50]Bd 2, S. 27

Diesmal nimmt Harry den Platz der Schlange ein. Wie Dobby behauptet, ist er zu seinem Schutz eingesperrt. Aber er ist auch gefangen, weil er unerlaubt gezaubert hat. Wieder steht Dudley höhnend vor dem Käfig. Er ist frei, kann gehen, wohin er will. Früher am Tag hat er seinen Cousin verspottet, weil er keine Geburtstagsgeschenke bekommen hatte. Der Traum illustriert Harrys verzwickte Lage. Nicht zu zaubern und von den Dursleys an der Rückkehr nach Hogwarts gehindert werden, oder zu zaubern, aber von der Schule verwiesen zu werden. Mit elf Jahren hat Harry entdeckt, dass er mit Schlangen sprechen kann und versehentlich eine befreit. Im Traum und auch in der Realität ist er ein Jahr später der Gefangene, der Hilfe von außen braucht.

Auf symbolischer Ebene ist Harry in mehr als einer Hinsicht die Schlange. Wie sie, ist er eingesperrt und hofft auf seine Befreiung. Außerdem spricht er die Schlangensprache, Parsel. Slytherins Wappen ist eine Schlange. Der Traum gibt, wie im ersten Band, Einsicht in die kommenden Abenteuer, in die Zeit, als die meisten Schüler Harry verdächtigen, Slytherins Erbe und Urheber der Angriffe des Monsters zu sein. Viel später, im fünften Jahr, nach dem Angriff auf Herrn Weasley, den er im Schlaf miterlebt, sagt Harry: *„Ich war die Schlange"*.[51] Erst Harrys Kampf gegen Nagini zeigt, dass er definitiv nichts Schlangenhaftes hat.

Dobby, der von dem Plan seines Herrn Lucius Malfoy weiß, mit Hilfe des verzauberten Tagebuchs, Slytherins Monster zu befreien, befürchtet, das Ungeheuer könne Harry Potter töten. Ihm fällt nur eine Möglichkeit ein, dieser Gefahr zuvorzukommen: Harrys Rückkehr in die Schule verhindern. Er zaubert in Harrys Gegenwart und hofft, der Junge werde wegen unerlaubter Zauberei in einem Muggelhaus der Schule verwiesen. Dabei helfen ihm die Dursleys, die einen tie-

---

[51]Bd 5, S. 549

fen Groll auf Harrys „Abnormität" hegen und die Hoffnung nicht aufgeben, er könne doch noch irgendwie so werden wie sie.

Am Rande bemerkt: ist es interessant, dass Lucius Malfoy, als er seinen Plan ausheckt, nicht weiß, dass Harry Parsel spricht, wie Salazar Slytherin, was ihn als potentiellen Erben dieses Zauberers ausweist. Außerdem hatten einige schwarze Magier die Hoffnung, Harry würde, da er Voldemort überlebt hat, dessen Nachfolge als schwarzer Hexenmeister antreten, wie Snape Bellatrix gegenüber sagt.[52] Obwohl die Ereignisse in Harrys erstem Jahr in Hogwarts deutlich machen, dass er sich eindeutig auf die Seite der Feinde des schwarzen Hexenmeisters stellt, werden wegen seiner Fähigkeit, Parsel zu sprechen, im Jahr darauf wieder Zweifel an ihm laut.

Im dritten Jahr werden zwei Träume Harrys erwähnt, geträumt jeweils nach und vor einem Qidditchspiel.

> „Er hatte einen sehr seltsamen Traum. Mit dem Feuerblitz auf der Schulter durchstreifte er einen Wald auf der Spur einer silbrig weißen Gestalt. Sie huschte vor ihm durch die Bäume und er sah sie nur hin und wieder zwischen den Blättern auftauchen.Er wollte sie unbedingt einholen, doch je schneller er ging, desto schneller floh auch seine Beute. Harry fing an zu rennen und jetzt konnte er galoppierende Hufe vor sich hören - er stieß durch dichtes Blattwerk hinaus auf eine Lichtung und - "[53]

Was auf der Lichtung seht, erfährt man nie, weil Harry durch Rons Schrei geweckt wird. Während des Quidditch-

---

[52]Bd 6, S. 38
[53]Bd 3, S. 277

spiels war es ihm endlich gelungen, einen richtigen Patronus
hervorzubringen, doch - ganz auf den Fang des Schnatzes
konzentriert - nicht gesehen, welche Gestalt er hat. Das Tier
im Traum könnte ein Einhorn gewesen sein, womit eine Verbindung zu den Erlebnissen im Verbotenen Wald im ersten
Jahr hergestellt wäre. In dem Fall würde eine Gefahr auf
der Lichtung lauern. Dafür spräche das Hufgetrappel, vielleicht das der rettenden Zentauren. Auch eine Verbindung
zu dem Patronus, der ihn, Hermine und Sirius am Ende des
Jahres vor den Dementoren rettet, ist denkbar. Es könnte
eine Hirschkuh sein, womit eine Verbindung zum Fund von
Gryffindors Schwert im siebten Band gegeben wäre. Dies
scheint nur dann unwahrscheinlich, wenn man nicht in Betracht zieht, dass die Autorin die großen Linien der Ereignisse von Anfang an festgelegt hatte. Es wäre daher denkbar, dass Harry wegen dieses Traums glaubt, die Hirschkuh
im Wald zu kennen. Aber da die Hirschkuh auch seine Mutter Lily symbolisiert, kann auch sie die Gestalt sein.

Der Traum ist eine Mischung aus Rückblick auf die Ver-
gangenheit und Ausblick in die Zukunft. Die Lesart der
Gegenwart ist dem Traum vergleichbar. Im Augenblick des
Geschehens haben die Helden und Leser den Eindruck, dass
ein tödlich gemeinter Angriff auf Ron oder Harry in letzter
Sekunde vereitelt wurde. Wie sich später herausstellt, war
Sirius' Eindringen in den Schlafsaal jedoch nicht gegen die
Jungen gerichtet, sondern es war der verzweifelte Versuch,
Rons Hausratte zu fangen. Diese ist in Wahrheit der Zau-
berer, der Harrys Eltern an Voldemort verraten hat. Eine
unerkannte Gefahr für Harry.

Der Traum vor dem entscheidenden Quidditchspiel gegen
Slytherin ist einer, wie ihn viele Menschen in der Nacht vor
einem wichtigen Ereignis haben:

„Harry schlief schlecht. Erst träumte ihm, er habe verschlafen und Wood rufe „Wo steckst du? Statt deiner mussten wir Neville nehmen!". Dann träumte er, Malfoy und das ganze Slytherin-Team würden mit fliegenden Drachen zum Spiel kommen. Er flog mit halsbrecherischer Geschwindigkeit und versuchte den Flammenstößen zu entgehen, die Malfoys Streitdrache ausspie, und dann fiel ihm ein, dass er seinen Feuerblitz vergessen hatte. Er stürzte in die Tiefe und fuhr erschrocken aus dem Schlaf."[54]

Er ist Ausdruck der Angst, zu versagen, zu spät zu kommen, zu verschlafen, den Erwartungen, den eigenen und denen der Mitmenschen nicht gewachsen zu sein. Oder zu versagen, weil der Gegner eine neue Taktik entwickelt hat, der man nichts entgegenzusetzen weiß. Im Traum ist das der Tausch von Besen gegen Drachen. Diesen Kampf Drache gegen Besen kann man auch als eine Vorbereitung der Ereignisse während des Trimagischen Turniers im folgenden Band betrachten, wo er gegen einen Drachen kämpfen muss, obwohl doch eigentlich die Einfuhr und Haltung von Drachen verboten sind.

So wie Harry in der Nacht vor dem Quidditchspiel unruhig träumt, so tut er es auch im folgenden Jahr vor der zweiten Aufgabe desTrimagischen Turniers. Trotz seiner verzweifelten Suche in der Bibliothek weiß er nicht, wie er die gestellte Aufgabe lösen soll. Nicht einmal im Traum fällt ihm eine Lösung ein. Mit Sicherheit wäre ein Rennbesen unter Wasser nutzlos. So sieht er sich schon dem Hohn und Spott der ganzen Schule ausgeliefert - im Traum durch die

---

[54]Bd 3, S. 315

Meerjungfrau symbolisiert. Erst in letzter Minute weckt der Hauself Dobby ihn mit der Lösung.[55]

Eine neue Art von Träumen tritt in diesem Jahr auf, ausgelöst durch das wiedererstarken Voldemorts. Dessen intensive emotionale Beschäftigung mit Harry hat ihr Echo im schlafenden Jungen, der so Zeuge der Unterhaltung von Voldemort und Wurmschwanz wird.[56] Zwar möchte Harry glauben, dass es sich nur um einen ganz gewöhnlichen Traum handelt, aber er weiß, dass das Brennen seiner Narbe immer ein Zeichen tödlicher Gefahr ist. So nimmt er den Traum sehr ernst. Um seine Freunde nicht zu beunruhigen, berichtet er seinem Paten von dem Vorfall. Gegen Ende des Schuljahres schläft er im Wahrsageunterricht ein.[57] Wieder sieht er Voldemort in dem Augenblick, in dem dieser eine wichtige Nachricht erhält. Diesmal wird Harry die Gefahr bewusst, dass Voldemort auf seine Anwesenheit aufmerksam werden könnte, ihn hören könnte trotz der Tatsache, dass sie meilenweit voneinander entfernt sind. *„Voldemort würde ihn hören, würde wissen, dass er da war ..."* Erstmals deutet sich die Möglichkeit an, dass diese ungewöhnliche Fähigkeit, in Voldemorts Geist einzudringen, vielleicht nicht nur in eine Richtung funktioniert, sondern dass die prinzipielle Gefahr besteht, dass Voldemort ebenso in Harry eindringen könnte. Nur Dumbledore, der annimmt, dass ein Teil Voldemorts bei seinem misslungenen Angriff auf Harry in jenen übergegangen ist, erkennt die Tragweite dieser Gefahr, das Risiko, dass Harry unfreiwillig zu Voldemorts Spitzel in Hogwarts werden könnte.

Die Verbindung zwischen Harrys und Voldemorts Geist erlangt ihren Höhepunkt im fünften Schuljahr. Schon von

---

[55] Bd 4, S. 511
[56] Bd 4, 1. Kapitel: „Das Haus der Riddles"
[57] Bd 4, Kapitel: „Der Traum" besonders S. 602-604

dem Moment an, in dem Harry während der Sommerferien zum Grimmauld Platz kommt, beginnen Bilder von dunklen Korridoren in Harrys Träumen aufzutauchen. Gleichzeitig hat er Träume, die sich, wie nach den schrecklichen Ereignissen auf dem Friedhof zu erwarten war, mit der Verarbeitung des Erlebten beschäftigen.

> „Selbst wenn er von Alpträumen um Cedric verschont blieb, plagten ihn schreckliche Träume von langen schwarzen Korridoren, die alle an Mauern und verschlossenen Türen endeten, was, wie er vermutete, etwas zu tun hatte mit dem Gefühl, in der Falle zu sitzen, das ihn am Tage quälte."[58]

So ist es nicht verwunderlich, dass Harry den dunklen Korridor lange symbolisch interpretiert, als ein Bild seiner Gefühlswelt, gefangen in einem dunklen Gang, überwältigt von Cedrics Tod, ohne Hoffnung. Er ist von den anderen Menschen getrennt, ohne Hilfe von ihnen erwarten zu können, weil seine Erlebnisse zu schrecklich und ungewöhnlich sind. Er fühlt sich ausgeschlossen von der menschlichen Gesellschaft, als ein Gezeichneter.

Andererseits ist er stolz, als Rons Vater dank Harrys Vision gerettet werden kann. Doch hat dieser Stolz auch zur Folge, dass er vergisst, was er doch im Vorjahr erspürt hatte, die Verbindung zu Voldemorts Geist könne in beide Richtungen funktionieren. In dem Augenblick, in dem er erkennt, dass der Traumkorridor nicht ein Symbol ist, sondern ein real existierender Gang, ist seine Neugier geweckt. Zu gern würde er wissen, was sich hinter der Tür an seinem Ende verbirgt. Er soll Voldemorts Eindringen in seinen Kopf verhindern, während er gleichzeitig wissen

---

[58]Bd 5, S. 17

möchte, was hinter der Tür ist. So hört er nicht auf Hermines Warnungen. Unfähig zu lernen, seinen Geist zu verschließen, fühlt er zwar, dass die Okklumentikstunden die
Träume verstärken, er dadurch geschwächt wird, aber ohne
dass es ihm als reale Gefahr erscheint, dass Voldemort ihn
über seine Träume manipulieren könnte. Hat die Rettung
von Arthur Weasley nicht bewiesen, dass die ungewöhnliche Verbindung zu Voldemort ihr Gutes hat? Hatten nicht
schon die Träume im Vorjahr dies angedeutet?

Hinzu kommt, dass Harry mit Fünfzehn in einem Alter
ist, in dem die Argumente der Erwachsenen wenig Einfluss
haben. Phineas Nigelus Portrait drückt dies perfekt aus,
als es zu Harry sagt: *„Junge Leute sind derart felsenfest da-*
von überzeugt, dass sie in allem vollkommen Recht haben.
[...] wie alle jungen Leute bist du absolut sicher, dass du
als Einziger fühlst und denkst, dass du als Einziger Gefahr
erkennst, dass du als Einziger klug genug bist zu wissen,
was der Dunkle Lord womöglich vorhat -'[59] Es überrascht
nicht, dass Harry dem Portrait keinen Glauben schenkt,
drückt es doch Harrys tiefste Überzeugung aus, im Recht
zu sein, zu wissen. Nichts stellt er in Frage, er fühlt sich als
Retter, der allein weiß, was zu tun ist. Ist es noch nachvollziehbar, dass er Erwachsenen gegenüber, erst recht wenn
er sie nicht ausstehen kann, wie Phineas Nigelus und Severus Snape, bei seiner Meinung bleibt, ist es beunruhigender
im Fall von Ginny und Hermine, deren Argumente Mühe
haben, zu ihm durchzudringen. So führt er seine Freunde
blindlings in tödliche Gefahr, weil er einen von Voldemort
induzierten Traum für die Realität hält.[60] Er bricht zur
vermeintlichen Rettung seines Paten auf und führt so dessen Tod mit herbei. Erst als Lucius Malfoy klar ausspricht,

---

[59]Bd 5, S. 582
[60]Bd 5, S. 854-856

dass er sich hat manipulieren lassen, wird ihm das Ausmaß seines Irrtums bewusst - zu spät.[61]

Nachdem Voldemort im Zaubereiministerium vergeblich versucht hat, von Harrys Geist Besitz zu ergreifen, verschließt Voldemort seinerseits seinen Geist, und unterbricht die Verbindung, sodass Harrys Träume wieder nur seine eigenen Gefühle und Sorgen zum Ausdruck bringen. Wie etwa seine erwachende Liebe zu Ginny, seine Angst, dadurch Rons Freundschaft verlieren zu können. *„Als Harry am nächsten Morgen erwachte, war er ein wenig benommen und durcheinander, denn er hatte einige Male geträumt, dass Ron ihn mit einem Treiberschlagholz gejagt hatte."*[62] Ein zweiter Traum, der Informationen verarbeitet, wird erwähnt. Es handelt sich um die Politik des Werwolfs Fenrir Greyback, kleine Kinder anzufallen und zu beißen, um ihre Eltern zu bestrafen - und das nicht erst seit Voldemort wieder erstarkt ist. Schon Lupin wurde als kleines Kind durch einen Angriff Greybacks zum Werwolf. *„... endlich sank er in einen unruhigen Schlaf voller kriechender Schatten und Schreie gebissener Kinder ..."*[63] Und schließlich ist da seine quälende Frage, was Draco Malfoy wohl im Raum der Wünsche treibt, was er wohl für Voldemort tun soll. *„... als er endlich einschlief, tauchten in seinen Träumen immer wieder beunruhigende Bilder von Malfoy auf, der sich in Slughorn verwandelte, sich in Snape verwandelte ..."*[64] Wie bei den vorangegangenen Träumen, so wird auch in diesem Fall ein Traum als erzählerisches Element verwendet, um zu unterstreichen, dass Malfoy nicht Harrys einzige Sorge ist, dass auch die Rollen von Slughorn und Snape zu

---

[61]Bd 5, S. 918
[62]Bd 6, S. 293
[63]Bd 6, S. 340
[64]Bd 6, S. 459

klären sind. Wie soll er Slughorn die Erinnerung entlocken, und worauf bezieht sich der Eid, den Snape Dracos Mutter geschworen hat?

Sein Traum nach Dumbledores Tod ist ganz anderer Art. Wie alle Träume des vergangenen Jahres illustriert er eine konkrete Frage: wie soll er die fehlenden Horkruxe finden? Doch ein Zweifel an Dumbledores Aufrichtigkeit mischt sich darunter. „*... seine Träume waren voller Becher, Medaillons und mysteriöser Gegenstände, die er nie richtig zu fassen bekam, obwohl Dumbledore ihm hilfreich eine Strickleiter anbot, die sich jedoch in Schlangen verwandelte, sobald er loskletterte...*" [65] Einem Teil seiner selbst scheint bewusst zu sein, dass Dumbledore ihm nicht absolut vertraut hat, dass er Informationen zurückhielt, was durchaus dazu führen könnte, dass Harrys Suche behindert wird. Die fehlenden Erklärungen könnten zur Gefahr werden. Auch der Leser wird vorgewarnt. Im weiteren Verlauf der Geschichte könne sich herausstellen, dass Dumbledore nicht durch und durch ein weiser guter Zauberer war.

In den *Heiligtümern des Todes* öffnet sich die Verbindung zu Voldemorts Geist wieder. Jetzt jedoch klar als solche identifiziert, eine Verwechslung mit Träumen oder Halluzinationen ist nun ausgeschlossen.

Harry ist vollkommen auf die Suche und Zerstörung der Horkruxe konzentriert. Nur ein einziger Traum wird erzählt und zwar in der Nacht nach Naginis und Voldemorts Angriff, direkt vor Rons Rückkehr. „*Harry hatte wirre und beunruhigende Träume: Nagini wand sich durch seinen Schlaf, schlang sich erst durch einen gigantischen zerbrochenen Ring und dann durch einen Kranz aus Christrosen. Immer wieder erwachte er voller Panik, überzeugt, dass jemand aus der*

---

[65] Bd 6, S. 639-640

Ferne nach ihm gerufen hatte..."[66] Nagini beherbergt, wie Harry weiß, einen Horkrux. Im Traum windet die Schlange sich durch einen weiteren Horkrux. Dass dieser schon zerstört ist, erkennt man daran, dass er zerbrochen ist. Harry hat einen Kranz Christrosen auf das Grab seiner Eltern gelegt. Wahrscheinlich hatte die Schlange ihn dabei beobachtet. Harry ist einer großen Gefahr entronnen, hat jedoch Nagini nicht getötet, die im Schlaf als Bedrohung wahrgenommen wird. Die Rufe, die Harry zu hören meint, werden automatisch mit den vergangenen Ereignissen in Verbindung gebracht und daher als beängstigend empfunden. Wie sich herausstellt, war es jedoch Ron, der versuchte, zu Harry und Hermine zurückzukommen. Hier wie im Fall der Korridore wird der moderne Hang, alles zu psychologisieren, erzählerisch geschickt dazu benutzt, die Spannung beim Leser zu erhöhen und ihn auf eine falsche Fährte zu locken.

Zusammenfassend kann man sagen, dass in der Buchserie zwei Arten von Träumen unterschieden werden: traditionelle Träume und später, im vierten und fünften Band, etwas, das man als Wahrträume bezeichnen könnte. Es sind eigentlich keine Träume, sondern ein Erleben vom Tun Voldemorts im Augenblick des Geschehens. Nach den tragischen Folgen des Traumes von Sirius' Folterung, hören sie auf. In Band sechs gibt es wieder nur kleine Träume, die Harrys Sorgen und Wünsche widerspiegeln, die wichtige Themen und Elemente des Geschehens gewissermaßen auf den Punkt bringen. Im letzten Band schließlich erkennt Harry, dass seine Einblicke in Voldemorts Gefühlswelt nichts mit Träumen zu tun haben und dass er diese Verbindung zu seinem Feind wenigstens zeitweise nach Bedarf zulassen oder ausschließen kann.

---

[66] Bd 7, S. 372

9. Verlassene Jungen

Als Harry sich zu seiner letzten Begegnung mit Voldemort im verbotenen Wald aufmacht, stellt die Autorin ausdrücklich die Verbindung zwischen ihm, Snape und Voldemort her.

> „Er wollte aufgehalten werden, zurückgezerrt werden, nach Hause zurückgeschickt werden ...
> Aber er war zu Hause. Hogwarts war das erste und beste Zuhause, das er gehabt hatte. Er und Voldemort und Snape, die verlassenen Jungen, sie alle hatten hier ihr Zuhause gefunden. ..."[1]

Im zweiten Band wird die Ähnlichkeit zwischen Tom Riddle, dem späteren Voldemort, und Harry Potter zum ersten Mal angedeutet, als Harry in Toms Erinnerung schaut. Harry erhält zu Weihnachten einen Brief der Dursleys mit der Bitte, er solle doch fragen, ob er auch während der Sommerferien in der Schule bleiben könne.[2] Kurz darauf erlebt er, wie Tom fünfzig Jahre früher die gleiche Frage stellt, weil er nicht in das Muggelwaisenhaus zurück will.[3]

Als Harry das Tagebuch findet und, obwohl nichts darin steht, nicht wegwirft, wird dies damit begründe, dass er den Eindruck hat, mit dem Tagebuch einen alten Freund wiedergefunden zu haben.

---

[1]Bd 7, S. 704-705
[2]Bd 2, S. 221
[3]Bd 2, S. 253

„Harry konnte nicht erklären, auch nicht sich
selbst, warum er Riddles Buch nicht einfach weg-
warf. Nicht nur das. Obwohl er wusste, dass der
Taschenkalender leer war, nahm er ihn ständig
gedankenverloren in die Hand und durchblätter-
te ihn, als ob er eine Geschichte enthielte, die er
zu Ende lesen wollte. Und obwohl sich Harry sicher war, dass er den Namen T. M. Riddle nie
vorher gehört hatte, schien er dennoch etwas für
ihn zu bedeuten, fast als ob Riddle ein Freund
gewesen wäre, als er noch sehr klein war."[4]

Tom Riddle kommt zu der Überzeugung, dass man nur leben kann, wenn man der Stärkste und Mächtigste von allen
ist. Auch er ist als Kind Leid und Tränen gegenüber hilflos gewesen. Um gegen solche Gefühle endgültig immun zu
sein, tötet er sie. Wer keine Gefühle hat, ist unverletzlich.
Diesem Credo stimmt sein Bewunderer Severus Snape zu.
Doch wenn er rational dem großen Vorbild nacheifert, so
ist er doch kein Ebenbild, denn anders als Voldemort ver-
bietet er sich nicht alle Gefühle. Seit seiner Kindheit liebt
er Lily, woran auch die Tatsache nichts ändert, dass sie von
Muggeln abstammt. Muggelstämmige verachtet er, wie alle seine Freunde, aber Lily liebt er. Aus diesem Dilemma
sieht er nur einen Ausweg. Wenn Liebe und Gefühle von der
Umwelt ausgenutzt werden können, um Leid zuzufügen, die
Liebe jedoch nun einmal da ist, gibt es nur die zweite Wahl,
so tun als hätte man keine Gefühle, sie tief im Inneren verstecken, und perfekt in Okklumentik zu werden. Es ist ein
hoher Preis.

Harry, der spätestens nach den Ereignissen im Zaubereiministerium feststellen muss, dass Liebe angreifbar macht,

---

[4]Bd 2, S. 242-243

wählt dennoch nicht denselben Weg wie Snape. Er setzt den Akzent auf das entscheidende Ereignis, das ihm zeigt, wie wichtig Liebe ist, ja dass sie lebensrettend ist. Hat er nicht nur deshalb Voldemorts Todesfluch überlebt, weil seine Mutter ihr Leben für ihn gegeben hat? Anders als Snape und Voldemort ist er auch unfähig, seine Gefühle zu verstecken. Obwohl er mehr als einmal in Schwierigkeiten gerät, weil er impulsiv handelt, steht er zu seinen Emotionen, unterstreicht ihren positiven Einfluss auf das Leben.

Man kann vermuten, dass Snape im sechsten Schuljahr sehr wohl bemerkt, dass Harry am Schuljahresende seine ganze freie Zeit mit Ginny Weasely verbringt, schließlich redet die ganze Schule über die beiden.[5] Er lässt keine Bemerkung dazu fallen, nicht einmal Harry gegenüber. Erst recht nicht gegenüber Voldemort, der sicher, genau wie Harry befürchtet, Ginny benutzt hätte, um an ihn heranzukommen. So wie Voldemorts jüngeres Ich es in Harrys zweitem Jahr getan hat.

Die folgende tabellarische Übersicht macht die Ähnlichkeiten der Situationen deutlich, aber auch, dass eine ähnliche Ausgangssituation nicht zwangsweise zu einem vergleichbaren Leben führt. Immer gibt es Wahlmöglichkeiten. Vieles hängt davon ab, wie man sich seine Lebensgeschichte erzählt.

---

[5] Bd 6, S. 540

9. Verlassene Jungen

	Tom Riddle	Severus Snape	Harry Potter
Eltern	Waise: Vater (Muggel) verlässt die Mutter (Nachfahrin Slytherins) vor seiner Geburt. Sie stirbt.	Eltern streiten ständig. Vater ein Muggel, Mutter Hexe. Ihre StreitereiDieen gehen nicht um die Zauberei.	Seine Eltern werden von Voldemort getötet, als sie ihr Kind vor ihm schützen wollen. Beide sind Zauberer, Mutter muggelstämmig.
Kindheits-freunde	Keine. Die anderen Kinder im Waisenhaus fürchten ihn.	Keine, bis er mit neun oder zehn Jahren Lily Evans trifft.	Keine. Sein Vetter Dudley hindert andere Kinder daran, Harry zu nahe zu kommen.
Zauberer	Weiß nicht, dass er ein Zauberer ist, weiß aber, dass er besondere Kräfte hat, die er gegen andere Kinder wendet.	Weiß, dass er ein Zauberer ist und wartet sehnlichst darauf, endlich nach Hogwarts zu kommen. Erzählt Lily von der Schule.	Weiß nicht, dass er zaubern kann, glaubt auch nicht, etwas Besonderes zu sein. Seine Tante weiß jedoch darum.
Hogwarts	Handelt weiter im Geheimen. Seine Freunde sind eher Bewunderer. Er ist ein sehr guter Schüler.	Seine Freunde fühlen sich, wie er, zu den dunklen Künsten hingezogen. Weshalb Lily, die Muggelstämmige, schließlich nicht mehr mit ihm redet.	Er findet zwei treue Freunde Ron Weasely, ein Reinblüter und Hermine Granger, die Muggelstämmige. Er ist ein mittelmäßiger Schüler mit dem Hang, Regeln zu brechen.
weitere Laufbahn	Bittet darum, in Hogwarts zu unterrichten, was abgelehnt wird. Verflucht daraufhin das gewünschte Fach. Zielt auf absolute Macht und Unsterblichkeit.	Wird Lehrer in Hogwarts. Experte in Okklumentik. Hält seine Gefühle geheim. Nur Dumbledore kennt sie.	Kann und will seine Gefühle nicht verstecken. Wird Auror. Gründet eine Familie.

10. Nebenfiguren

Außer den bisher behandelten Personen gibt es in den sieben Harry-Potter-Bänden eine große Anzahl weiterer Figuren: Die Familie Dursley, bei der Harry lebt, Rubeus Hagrid, der riesenhafte Wildhüter Hogwarts mit seiner Monsterliebe, Lehrer, der Hauself Dobby und Mitschüler wie Rons Geschwister oder auch Luna Lovegood. Viele von ihnen wären eine eigene Untersuchung wert, was jedoch den Rahmen dieser Arbeit sprengen würde. Ich begnüge mich mit einigen Hinweisen zu Ginny und zwei Schülern, die in jedem Band auftauchen und beachtenswerte Veränderungen durchlaufen: Neville Longbottom und Draco Malfoy.

10.1. Ginny Weasley

Ginny, die immer alte Objekte bekommt, die vorher einem Anderen gehörten, benutzt den Taschenkalender als Tagebuch, wobei es sie offenbar nicht stört, dass er nicht vom laufenden Jahr ist. Viele Mädchen schreiben ein Tagebuch, als handele es sich um einen Freund, dem man alles erzählen kann. Der von Ginny ist in dieser Hinsicht besser als der anderer Mädchen, denn er schreibt zurück, gibt den Anschein, sich tatsächlich für ihre kleinen Sorgen zu interessieren. Obwohl sie aus einer Zaubererfamilie stammt, beunruhigt sie dies nicht. Sie beruhigt sich damit, dass der Taschenkalender doch in einem Schulbuch steckte, das ihre Eltern ihr gerade gekauft hatten. Warum sollte er dann gefährlich sein?

Ihr Bruder Ron dagegen weist beim Anblick des Taschenkalenders sofort darauf hin, dass er gefährlich sein könnte.[1] Er zählt einige Gefahren auf, die von verzauberten Büchern ausgehen können. Doch Riddles Tagebuch ist viel gefährlicher als er es sich vorstellen kann. Es wirkt nicht nur sichtbar auf das Verhalten seines Besitzers ein, der schnell bemerkt, dass ein Buch verhext ist, wenn er es nicht mehr aus der Hand legen kann, wie so etwas auch den Mitmenschen schnell auffällt. Riddles Tagebuch wirkt im Geheimen. Unmerklich kontrolliert es nicht nur das Leben seiner Benutzerin, Riddle ergreift vielmehr Besitz von Ginny. Zeitweise schaltet er ihr Bewusstsein vollkommen aus und handelt durch sie. Zuerst braucht er dazu noch ihren Körper, doch als genug von Ginnys Emotionen in den Horkrux geflossen sind, kann er die körperliche Gestalt des jungen Riddle annehmen, während Ginny das Bewusstsein verliert und zu sterben droht.

> „Ich denke, der eigentliche Grund, warum Ginny hier liegt, ist, dass sie ihr Herz ausgeschüttet und all ihre Geheimnisse einem unsichtbaren Fremden verraten hat."[2]

Als Ginny mit dem Horkrux in Kontakt kommt, ist sie ein kleines Mädchen, naiv, vertrauensvoll, ohne die geringste Vorstellung von dem Ausmaß des Bösen, dem sie gegenüber steht. Fünf Jahre später kommt ihr Bruder Ron in Berührung mit einem anderen von Voldemorts Horkruxen. Er weiß von ihrer Macht und den Gefahren, die von ihnen

---

[1] Bd 2, S. 239
[2] Bd 2, S. 318

ausgehen. Dennoch nimmt der Horkrux Einfluss auf sein Denken und verstärkt alle negativen Vorstellungen.

10.2. Neville Longbottom

Neville Longbottom stammt aus einer alten reinblütigen Zaubererfamilie. Er wurde im gleichen Monat wie Harry geboren und lebt bei seiner Großmutter, die verzweifelt nach Anzeichen von Magie bei dem Kind sucht und schon befürchtet, er wäre ein Muggel,[3] während zur gleichen Zeit Harrys Verwandte alles versuchen, um dem Jungen die Zauberei auszutreiben. Wie Harry ist er in Gryffindor, wobei der Leser sich lange wundert, weshalb. Schließlich ist der Junge schrecklich vergesslich und unsicher. So fällt er schon in der ersten Flugstunde vom Besen, macht ständig Fehler beim Mischen von Zaubertränken, sodass er dem Hohn und Spott des Zaubertranklehrers Snape ausgesetzt ist. Jahrelang vergisst er auch immer wieder das Passwort, das Zugang zu den Räumen Gryffindors gibt. Erst im vierten Jahr sieht Harry im Denkarium, warum der Junge bei seiner Großmutter lebt. Seine Eltern wurden von Voldemorts Anhängern, die ihren verschwundenen Meister suchten, bis in den Wahnsinn gefoltert. Nie hat Neville es erwähnt, nie hat einer der Mitschüler nach seinen Eltern gefragt. Nur durch Zufall erfahren es auch Ron und Hermine, als sie die geschlossenen Anstalt des St.-Mungo-Hospitals für Magische Krankheiten und Verletzungen besuchen. Allerdings tritt schon kurz zuvor eine Änderung bei Neville ein. Bei den geheimen DA Treffen macht er enorme Fortschritte in der Verteidigung gegen die dunklen Künste.[4] Und im letzten Schuljahr in Hogwarts mutiert er gar zum Anführer einer

---

[3]Bd 1, S. 138
[4]Bd 5, S. 533

Gruppe Schüler, die gegen das neue Regime der Schule auf-
begehren. Den endgültigen Beweis, dass er ein wahrer Gryffindor ist, gibt seine Konfrontation mit Voldemort, bei der
der Sprechende Hut ihm Gryffindors Schwert gibt.[5]

10.3. Draco Malfoy

Draco Malfoy und seine Eltern sind eine alte und angesehene Familie von Reinblütern und sehr den schwarzen Künsten zugetan. Sie verachten die Weasleys, weil sie kein Geld
haben, aber auch weil Arthur Weasley so fasziniert von den
Erfindungen der Muggel ist. Draco ist ständig flankiert von
seinen groben Freunden Crabbe und Goyle, die als seine
Leibwächter fungieren. Er und sein Vater sind sich absolut
sicher, die richtigen Freunde zu haben und auf einer unan-
greifbaren Position zu stehen. Dies ändert sich, nachdem
Voldemort erfährt, dass durch Lucius Malfoys Verhalten
sein Tagebuch zerstört wurde. Um die Familie zu strafen,
beauftragt er Draco Malfoy, Albus Dumbledore zu ermorden. Voldemort ist überzeugt, dass Draco nicht kaltherzig
genug ist, seinen respektierten Direktor zu töten. Misslingt
es ihm, droht ihm und seinen Eltern der Tod. Gelingt es,
zerstört er einen Teil seiner Seele, muss er mit der Schuld
leben. Doch obwohl Draco boshaft genug ist, zwei der drei
unverzeihlichen Flüche anzuwenden, kann er Dumbledore
nicht ermorden.[6] Im folgenden Jahr verschlechtert sich die
Lage der Malfoys so weit, dass Crabbe und Goyle Draco
nicht mehr folgen. Crabbe: *„Ich nehm keine Befehle mehr
von dir an, Draco. Du un' dein Dad, ihr seid erledigt."*[7]
In jener Nacht, während des Kampfes um Hogwarts, retten

---

[5]Bd 7, S. 741
[6]Bd 6, S. 596
[7]Bd 7, S. 638

Harry und Ron ihm zweimal das Leben. All dies führt dazu, dass die Jungen nicht wie Sirius Black und Severus Snape ihre gegenseitige Abneigung ein Leben lang kultivieren. Wie der Epilog zeigt, begraben sie ihre Fehden der Schulzeit und begegnen sich als Erwachsene höflich, distanziert. Rowling lässt es sogar möglich erscheinen, dass die Enkelgeneration sich lieben könnte. „*Sieh aber zu, dass du dich nicht allzu sehr mit ihm [Scorpius Malfoy] anfreundest, Rosie. Großpapa Weasley würde es dir nie verzeihen, wenn du einen Reinblüter heiraten würdest.*"[8] Eine Liebe zwischen einem Slytherin und einem Gryffindor, die für Lily Evans und Severus Snape noch unmöglich war, wird denkbar.

---

[8]Bd 7, S. 764

11. Schlusswort

Wie die vorliegende Interpretation zeigt, erklärt sich der weltweite Erfolg der Harry-Potter-Saga daraus, dass zwar einerseits viele Elemente mythologischer Erzählungen benutzt werden, die sie in die Nähe der Märchen rücken und die es dem Leser leicht machen, sich zu orientieren. Doch gleichzeitig wird immer wieder mit dieser Tradition gebrochen. Wie in guten Krimis gibt es regelmäßig überraschende Elemente, die die Lesart der vorangegangen Kapitel und Bücher in Frage stellen. Die Geschichte folgt keinem einfachen schwarz-weiss Schema, auf einer Seite die Guten, auf der anderen die Bösen. Viele Figuren haben einen eigenen Charakter. Ihre Handlungen sind psychologisch nachvollziehbar und die sozialen Interaktionen der Jugendlichen sind glaubwürdig.

Das Werk stellt wichtige Fragen zu Gesetzestreue, Gehorsam, Ungehorsam und auch die Frage nach dem freien Willen. Es zeigt, unter welchen Bedingungen ein Mensch sich gegen seine Gruppe stellt, um seine eigenen Überzeugungen nicht zu verleugnen.

Da diese Arbeit einen ersten Gesamtüberblick über die sieben Bände geben will, werden viele Themen nur kurz angesprochen und die zum Teil großen Unterschiede der Verfilmungen ganz außer Acht gelassen.

A. Anhang

A.1. Harry Potter und das verwunschene Kind

Am 31. Juli 2016 erschien *„Harry Potter and the cursed child"*, dessen deutsche Übersetzung am 24. September erschien. Die Fans hatten dieses neue Abenteuer um Harry Potter ungeduldig erwartet. Bei dem Werk handelt es sich nicht um einen Roman sondern um ein Theaterstück. Viele Leser zeigten sich enttäuscht, wie aus den hunderten von Kommentaren auf den Seiten der Internetbuchhändler hervorgeht. Auch die Literaturkritiker waren wenig begeistert.

Da es sich um ein Bühnenwerk handelt, besteht das Buch hauptsächlich aus Dialogen. Es gibt weder ausführliche Beschreibungen noch genaue Angaben zu Gesichtsausdrücken oder zu der Art wie jemand, zum Beispiel einen Hut trägt, statt dessen Spielanweisungen mit Hinweisen, ob die Bühne leer ist oder vollgestellt mit Dingen aller Art, ob es Nacht ist, wer sich auf der Bühne befindet und anderes mehr. Außerdem finden sich Kurzinformationen zu den Gefühlen und Bewegungen der Charaktere auf der Bühne.

Ein Schauspiel soll gespielt werden. Das Bühnenbild, die Interpretation der Rollen durch die Schauspieler sind wichtige Bestandteile des Stücks. Daher ändert sich die Interpretation eines Textes je nach dem welcher Regisseur für die Inszenierung verantwortlich ist. Das Textbuch zu lesen, bleibt ein unbefriedigender Ersatz. Das Schauspiel *„Harry Potter und das verwunschene Kind"* besteht aus zwei Teilen und es werden fast vierzig Schauspieler benötigt. Jedes Teil dauert zwei Stunden und zwanzig Minuten. Daher sind zwei Aufführungen nötig, um das ganze Stück zu spielen. Insgesamt gibt es fünfundsiebzig Szenen, verteilt auf vier Akte, die an neunundvierzig verschiedenen Schauplätzen spielen. Da viele Szenen sehr kurz sind, sind viele schnelle Wechsel des Bühnenbildes nötig. Außerdem wird gezaubert, einschließlich Zaubererduell. Doch im Gegensatz zu einem Film, für den man jede Szene so lang wiederholt, bis sie perfekt sitzt, muss ein Trick auf der Bühne bei jeder Aufführung wieder klappen. All das verlangt perfekte Koordination und sehr viel Arbeit. Schon die ersten Theaterkritiken waren positiv. Inzwischen hat das Schauspiel mehrere Preise gewonnen. Doch da die Aufführungen im Palace-Theater, London bis zum Februar 2018 und darüber hinaus ausverkauft sind, muss sich die große Mehrheit der Fans mit dem Skript zufrieden geben.

Das Theaterstück wurde offensichtlich geschrieben, um dem Wunsch der Fans nachzukommen, die wissen wollten, was aus ihren Helden wird. Es handelt sich um eine Art Fan-Fiktion mit Elementen der Originalromane. Sie ermöglicht es, viele der Originalcharaktere erneut zum Leben zu erwecken und fügt dem Erfolg der Geschichten in Buchform und als Filme, den Bühnenerfolg hinzu.

Das Stück setzt ein, mit der Wiederaufnahme von Dialogteilen aus dem Epilog von *„Harry Potter und die Heiligtümer des Todes“*. Der Drehbuchautor und Dramatiker Jack Thorne hat das Schauspiel verfasst. J.K. Rowling hat die Arbeit überwacht und genehmigt. Der dritte Ko-autor ist John Tiffany.

Wenden wir uns nun dem Inhalt von *„Harry Potter und das verwunschene Kind”* zu. Die Helden des Stücks sind Albus Severus Potter, Harrys Sohn und Scorpius Malefoy,

Sohn Dracos. Wenn der Epilog des siebten Bandes die Erwartung aufkommen lässt, dass eines Tages vielleicht eine Romanze zwischen Rose Weasley und Scorpius möglich wird und dass Albus-Severus auf jeden Fall nach Gryffindor kommt, so erweist sich das als Irrtum. Der Überraschungseffet ist die Zuweisung von Albus zum Haus Slytherin, dem Haus seines neuen Freundes Scorpius Malfoy.

Albus ist ein unsicherer Junge. Er fühlt sich unverstanden und ungeliebt von seinem Vater, weil er kein Gryffindor ist. Um zu zeigen, was in ihm steckt, beschliesst er, den Lauf der Vergangenheit zu verändern. Mit dem einzigen Zeitumkehrer, der noch existiert, will er dafür sorgen, dass Cedric Diggory, am Ende des Trimagischen Tuniers, nicht stirbt. So wird man seinen Vater Harry nicht mehr für diesen Tod verantwortlich machen können. Er verleitet seinen besten Freund dazu, ihm in das Abenteuer zu folgen.

Scorpus Malfoys Charakter steht in Opposition zu seinem Namen. Scorpius, ist im Englischen der Name des Sternbildes Skorpion. Skorpione sind Tiere mit einem giftigen Stachel. Ihr Gift kann tödlich sein. Der Skorpion gehört zur griechischen Mythologie, wo er in Verbindung mit dem Jäger Orion auftaucht. In mehreren Mythen beauftragt ein Gott den Skorpion, Orion zu töten, weil dieser sämtliche Tiere der Erde erlegen will. Schliesslich werden Orion und Skorpion in den Himmel versetzt. Orion ist im Winter sichtbar, Skorpion im Sommer. Scorpius Malfoy hat nichts von der Aggressivität des Skorpions der Mythologie. Ganz wie sein Freund Albus erfüllt er nicht die Erwartungen seines Vaters. Ausserdem behaupten regelmässig Gerüchte, er sei in Wahrheit ein Sohn Voldemorts, weshalb die anderen Kinder ihn meiden. Worunter er leidet. Er ist ruhig und handelt erst nach reiflicher Überlegung. Doch obwohl er keine überstürzten Entscheidungen trifft und manche von Albus

Entschlüssen missbilligt, bleibt er doch seinem Freund treu. Im zweiten Akt wird Scorpius zur Schlüsselfigur.

Delphi ist eine weitere wichtige Figur, obwohl wenig glaubwürdig. Ihr Name leitet sich von der altgriechischen Stadt Delphi und ihrem berühmten Orakel ab. Dem Buch zufolge ist Delphi die Tochter Voldemorts und Bellatrix Lestranges, die mit Hilfe des Zeitumkehrers gezeugt wurde. Es ist Aufgabe dieser Figur die Handlung in Gang zu bringen und ihr gelegentlich einen neuen Anstoss zu verleihen. Weiter wird sie nicht in die Geschichte integriert. Dabei ist ihre Existenz eigentlich unmöglich, wenn man sich Voldemorts Leben ansieht. Es ist schlicht undenkbar, dass er ein Kind gezeugt haben könnte. Nachdem er seine Seele in Horkruxen verborgen hat, bleibt ihm als einziges Gefühl der Hass. Und obwohl Bellatrix ihn anhimmelt und alles tut, um seine Aufmerksamkeit zu erhaschen, so reagiert er einzig mit Verachtung und Erniedrigung.

Delphis Leben soll dadurch möglich geworden sein, dass Todesser, die aus einer Parallelzukunft gekommen sind, Voldemort von der Notwendigkeit eines Nachkommens überzeugt haben. Mit allem was man über den Charakter des schwarzen Magiers weiß, ist es undenkbar, dass jemand gewagt hätte, die Möglichkeit seines Todes auch nur anzudeuten. Hätte es dennoch jemand riskiert, wäre er umgehend von seinem Meister getötet worden. Folglich hätte er auch in einer theoretischen Zukunft nicht darüber sprechen können. Denn wenn er, aus der Zukunft kommend, in der Vergangenheit getötet wird, wird er aus der weiteren Geschichte ausgelöscht, da er ja nicht mehr lebt. Hier wird ein zentrales Problem der Zeitreisen deutlich. Jede Veränderung eines Teils der Vergangenheit, hat zur Folge, dass sich der ganze Lauf der Geschichte ändert. Die literarische

A.1. Harry Potter und das verwunschene Kind

Gattung der Uchronie (Alternativgeschichte), ein Zweig der Science-Fiction, basiert auf derartigen Gedankenspielen.

Nach einer sehr langen Einleitung ist *„das verwunschene Kind"* eine Folge von Zeitreisen. Das ursprüngliche Ziel ist es, Cedric Diggorys Tod während der dritten Aufgabe des Trimagischen Tuniers zu verhindern.

Der erste Versuch schlägt fehl, hat aber zur Folge, dass Hermine nicht mit Victor Krum zum Weihnachtsball geht. Dieses Detail ändert ihre und Rons Zukunft. Da letzterem nicht klar wird, dass er Hermine liebt, heiraten die beiden nicht, haben also auch keine Kinder. Was wiederum zur Folge hat, dass Rose Weasley in dieser Zukunft nicht existiert.

Der zweite Versuch ist von Erfolg gekrönt. Was jedoch den Lauf der Geschichte auf dramatische Weise verändert. Denn Cedric bleibt zwar am Leben, doch ist er gedemütigt und schließt er sich den Todessern an. Schließlich tötet er Harry Potter während des Kampfes um Hogwarts, sodass der nie heiratet und also keine Kinder hat. Deshalb verschwindet Albus. Von dieser Zukunft aus, in der es weder Harry noch Albus Potter gibt, in der Voldemort die Schlacht um Hogwarts gewonnen hat, versucht Scorpius, die ursprüngliche Realität wieder herzustellen. Er kehrt noch einmal an den gleichen Punkt der Vergangenheit zurück. Eigentlich hätte er in der neuen Zukunft bleiben können, denn in dieser Welt ist er respektiert und angesehen. Doch sein bester Freund existiert nicht mehr und seine Mutter ist weiterhin tot. Er schließt daraus, dass die Toten tot bleiben. Doch warum dann eine Zukunft mit einem lebenden Voldemort?

Diese These, dass die Toten tot bleiben, bringt die Grundidee des Plots in Gefahr und macht eine seiner Schwächen deutlich. Cedric ist tot und sein Tod kann durch eine Aktion in der Zukunft nicht rückgängig gemacht werden.

Doch da das Szenario vom gegenteiligen Postulat ausgeht, dass man sehr wohl das Ableben einer Person verhindern kann, ist es sinnvoll anzunehmen, dass ein Ereignis, welches in keinem Zusammenhang mit der Zeitmanipulation steht, seinen ursprünglichen Status beibehält. Es handelt sich hier um ein zentrales Dilemma der Erzählungen von Zeitreisen. Der Handlungsstrang muss zwingend den Aktionsradius der Reise definieren. Was kann der Zeitreisende willentlich oder zufällig ändern und wo sind seine Grenzen?

Dies Problem der Zeitreise taucht schon im Gefangenen von Askaban auf. Dumbledore erklärt dort, dass Harry und Hermine, mit Hilfe des Zeitumkehrers, mehr als ein Leben retten können. Es wird vorausgesetzt, dass ein Toter nicht wieder ins Leben geholt werden kann. Die Szene, in der Harry, Hermine und Sirius vor den Dementoren gerettet werden, weil Harry aus einer Parallelzeit einen Patronus sendet, macht die erzähltechnischen Probleme der Zeitreisen deutlich. Harry wird von jemandem, am anderen Seeufer gerettet, von dem sich herausstellt, dass er es selbst ist. Man muss also, sowie Zeitreisen ins Spiel kommen, die übliche Logik beiseite lassen, um die Möglichkeit zuzulassen, dass eine Figur sich in Parallelwelten verdoppeln kann, wobei diese Welten sich unter bestimmten Bedingungen in einem Punkt treffen können. Trotz der logischen Probleme, die die Zeitreise aufwirft, ist der Leser gebannt und erwartet fieberhaft, wie die Helden es wohl schaffen werden, die ursprüngliche Situation wieder herzustellen.

Abgesehen von den Fragen, die die Zeitreisen aufwerfen, gibt es weitere Aspekte, die im verwunschenen Kind enttäuschen. So hat der erwachsene Harry seine Sensibilität für die Gefahren, die durch das Böse drohen, verloren. Als Draco ihm von den Gerüchten über ein Kind Voldemorts berichtet, kümmert er sich nicht darum, obwohl er gerade einen

Zeitumkehrer beschlagnahmt hat und Voldemorts Stimme durch seine Träume geistert. Hermine, die den Zeitumkehrer in ihrem Büro versteckt hat, bemerkt ihrerseits nichts von seinem Verschwinden, was bei der jugendlichen Hermine eher unwahrscheinlich gewesen wäre. Hinzu kommt, dass Rons Charakter keine klaren Konturen aufweist.

Im Falle von *„Harry Potter und das verwunschene Kind"* sind auch die Titelwahl und die Umschlagillustration erwähnenswert. Bei dem verwunschenen Kind handelt es sich natürlich um Albus Potter, der sich von seinem Vater unverstanden fühlt und der die Folge der gefährlichen Abenteuer auslöst. Er wird wahrscheinlich von Delphi verhext, als sie neben ihm auf der Treppe seines Elternhauses auftaucht. Also fast unter den Augen eines Harry Potter, der nichts davon bemerkt.

Doch wie soll man das Titelbild verstehen? Denn, anders als in den ersten Ausgaben der Romane, wird hier kein Motiv aus dem Buch als Illustration benutzt. Auf gelbem Grund sieht man ein geflügeltes Nest in dem ein Kind kauert. Das Nest ist der Ort, an dem ein Jungvogel vor den Gefahren der Welt in Sicherheit ist, denen er sich erst aussetzt, wenn er flügge wird. Im übertragenen Sinn wird auch ein Kind flügge, wenn es erwachsen wird. Es steht dann auf eigenen Füssen und verlässt das Elternhaus. Auf dieser Illustration hat das, normalerweise unbewegliche Nest, Flügel. Das Kind in seinem Innern scheint weiterhin in Sicherheit zu sein, doch das täuscht. Es liegt eingerollt in der Nestmitte, zusammengekrümmt, als wollte es sich gegen Gefahren schützen. Das umgebende Gelb ist im Zentrum heller als aussen, wodurch die Illusion entsteht, es würde herauskatapultiert. Was als bildliche Umsetzung der Zeitreisen interpretiert werden kann. Der Zeitumkehrer verleiht dem Nest Flügel. Er bringt das Kind in ein Anderswo. Dem Anschein nach wird es weiterhin von seinen Angehörigen beschützt. Doch in der modifizierten Realität reagieren die Erwachsenen anders. Sie wollen immer noch den Jugendlichen schützen, doch da der aus einer anderen Welt kommt, hat er alle Orientierung verloren und fühlt sich nicht mehr geborgen. Man kann bei dem Jungen im Nest auch an Delphi denken, die wie ein Kuckucksei im fremden Nest agiert. Da die Flügel braunschwarz, wie verbrannt, sind, drängt sich auch das Bild des mythologischen Icarus auf. Dieser baute sich Flügel, doch weil er der Sonne zu nahe kam, die sie zerstörte, stürzte er tödlich ins Meer. Im Fall des verwunschenen Kindes verhindert das Nest, ein Symbol für die Fürsorge der Eltern, den Tod der Helden.

Der Plot von *„Harry Potter und das verwunschene Kind"* hat, im Gegensatz zu den Romanen der Harry-Potter Serie wenig Erzähldichte und es mangelt ihm an logischer Konsequenz. Die Abenteuer drehen um die Frage, was wohl passieren würde, wenn man ein Element der Vergangenheit veränderte und wie es danach gelingen kann, zur Ausgangssituation zurückzukehren. Dadurch wird es den Szenaristen ermöglicht Sequenzen aus der Jugend Harrys und seiner Freunde einzubauen. Doch neunzehn Jahre später mangelt es den Charakteren an Überzeugungskraft, obwohl gezeigt wird, dass ein Charakter sich ändern kann, bedingt durch die Ereignisse im Laufe seines Lebens.

A.2. Tabellarische Übersicht

	Stein	Kammer	Askaban	Feuer-kelch	Phönix	Halbblut-prinz	Heilig-tümer
Seiten (GB)	223	251	317	636	766	607	607
Kapitel	17	18	22	37	38	30	37
Einleitung Kapitel	1	–	–	1	–	2	1
Sommer-ferien Kapitel	4	4	4	9	9	4	10
Fahrt nach Hog-warts	1	1	1	1	1	1	–
Quidditch	Ja	Ja	Ja	Ja	Ja	Ja	Nein
Monster	Dreikö-pfiger Hund, Drache Ein-horn	Basilisk, Riesen-spinnen	verschie-dene Tiere im Unter-richt, De-men-toren	Knall-rümp-fige Kröter, Dra-chen, Sphinx, Riesen-spinne	Doxies, Thes-trale, De-mento-ren	Inferi	Schlange, Drache, Riesen-spinnen De-mento-ren
Magische Wesen	Zentau-ren, Troll	Hauself		Meer-men-schen, Hausel-fen	Hauselfen, Zen-tauren, Riesen	Hauselfen	Riesen, Hau-selfen, Zen-tauren
Halloween	Ja	Ja	Ja	Ja	Nein	Nein	Nein
Weihnach-ten	1 Kapi-tel	Ja	Ja	2 Kapi-tel	2 Kapi-tel	1 Kapi-tel	Ja
Haupt-aben-teuer Kapitel	1,5	2	5	4	5	3	8,5
Nach dem Aben-teuer	0,5	1	1	2	2	2	1,5

A. Anhang

A.3. Bibliographie

Werke

Harry Potter und der Stein der Weisen. Hamburg: Carlsen, 3. Aufl. 1998, 335 S.
Harry Potter und die Kammer des Schreckens. Hamburg: Carlsen, 8. Aufl. 1999, 351 S.
Harry Potter und der Gefangene von Askaban. Hamburg: Carlsen, 4. Aufl. 1999, 447 S.
Harry Potter und der Feuerkelch. Hamburg: Carlsen, 2000. 767 S.
Harry Potter und der Orden des Phönix. Hamburg: Carlsen, 2003, 1020 S.
Harry Potter und der Halbblutprinz. Hamburg: Carlsen, 2005. 655 S.
Harry Potter und die Heiligtümer des Todes. Hamburg: Carlsen, 2007, 766 S.
Harry Potter and the cursed child, online edition, 2016.
Fantastic Beasts and Where to Find Them. Newt Scamander. Scolastic inc. 2001, 42 p.
Quidditch through the Ages. Kennilworthy Whisp. Scolastic inc. 2001, 56 p.
The Tales of Beedle the Bard. Bloomsbury, 2007, 108 p.

Sekundärliteratur

Bruckner, Pascal: La tentation de l'innocence. Paris, Grasset, 1995. 307 p.

Colbert, David: The magical worlds of Harry Potter. Updated and complete. Berkeley trade paperback ed. 2008, 335 p.

Dieguez, Sebastien: La lumière sur l'Homme invisible. In: Cerveau & Psycho, no 55 janvier-février 2013, p. 80-86

Franz, Marie Louise von: Interprétation des contes de fées. Fontaine de PierreDervy. 3e éd. 1987

Glaser, Hermann, Jakob Lehmann, Arno Lubos: Wege der deutschen Literatur. Eine geschichtliche Darstellung. Frankfurt a.M. Ullstein, 1989

Heiligenlexikon.de - http://www.heiligenlexikon.de

Imhof, Beat: Weihnacht- Nacht der Einweihung. IN: Wegbegleiter, Nov./Dez. 1999, Nr 6, IV. Jg, S. 402 ff. (online: http://www.wegbegleiter.ch/wegbeg/imhoweih.htm, konsultiert 11.9.13)

Jung, Carl Gustav: Archetypen. 11. Aufl. München, Deutscher Taschenbuch Verlag, 2004

Prieger, Almut: Das Werk Enid Blytons. Frankfurt a. M., Dipa, 1982

Schiller, Friedrich: Vom Pathetischen und Erhabenen. Stuttgart: Reclam, 1970

Schmidt, Kerstin: Literaturwissenschaftliche und didaktische Aspe'=kte phantastischer Literatur am Beispiel: 'Harry Potter und der Stein der Weisen'. (Examensarbeit). Books on Demand, 2007 ISBN 978-3-638-87739-3

Schmitt, Axel: Zwischen Macht und Liebe - ein Rückblick auf Harry Potter, 2007 -http://www.k-l-j.de/Potter7.htm (konsultiert 10.2.2013)

Schopenhauer, Arthur: Die Welt als Wille und Vorstellung - Band 2. Frankfurt a.M. Suhrkamp, 1986, 925 S.

Sofsky, Wolfgang: Traité de la violence, Gallimard, 1998, 214 p.

webjournals.ac.edu.au http://webjournals.ac.edu.au/journals/GN/gn-vol25-no2-feb-1934/ (konsultiert 12.2.13)

The leaky cauldron: http://www.the-leaky-cauldron.org/2007/7/30/j-k-rowling-web-chat-transcript (konsultiert 29.1.2013)

A. Anhang

Wilton, Dave: Old English in LoTR http://www.wordorigins. org/index.php/more/880/ (konsultiert 29.01.2013)

Danksagungen

Vielen Dank an Ruths Kinder, die mir die deutschsprachigen Harry-Potter-Bände ausgeliehen haben. Ruth hat auch mein ganzes Buch durchgelesen und nicht nach wenigen Seiten aus der Hand gelegt. Woraus ich geschlossen habe, dass mein Text nicht vollkommen unverständlich und langweilig ist.

Ein besonderer Dank geht an meinen Vater, der zweimal Korrektur gelesen hat. Nicht nur hat er meine vielen Kommafehler beseitigt, er hat auch angemerkt, wenn ein Abschnitt unklar oder unverständlich war. Dabei hat er die interpretierten Bücher nie gelesen!